本书获中国农业农村部全球渔业资源调查监测评估专项、上海高水平地方高校建设项目资助

缩小打击 IUU 捕捞行为的
国家法规之间的差距

Closing Gaps in National Regulations Against IUU Fishing

（法）芭芭拉·哈特尼克扎克（Barbara Hutniczak）

（法）克莱尔·德尔珀什（Claire Delpeuch）

（法）安东尼娅·勒罗伊（Antonia Leroy）　著

邹磊磊　译著

中国海洋大学出版社

· 青岛 ·

图书在版编目（CIP）数据

缩小打击 IUU 捕捞行为的国家法规之间的差距／（法）芭芭拉•哈特尼克扎克（Barbara Hutniczak），（法）克莱尔•德尔珀什（Claire Delpeuch），（法）安东尼娅•勒罗伊（Antonia Leroy）著；邹磊磊译著 . —青岛：中国海洋大学出版社，2024. 3

书名原文：Closing Gaps in National Regulations Against IUU Fishing

ISBN 978-7-5670-3764-9

Ⅰ. ①缩… Ⅱ. ①芭… ②克… ③安… ④邹… Ⅲ. ①渔业法－研究 Ⅳ. ① D912. 4

中国国家版本馆 CIP 数据核字（2024）第 011151 号

图字：15-2023-191 号

出版发行	中国海洋大学出版社			
社　　址	青岛市香港东路 23 号		邮政编码	266071
出 版 人	刘文菁			
网　　址	http://pub.ouc.edu.cn			
订购电话	0532－82032573（传真）			
责任编辑	邵成军		电　　话	0532－85902533
印　　制	日照日报印务中心			
版　　次	2024 年 3 月第 1 版			
印　　次	2024 年 3 月第 1 次印刷			
成品尺寸	170 mm ×230 mm			
印　　张	7			
字　　数	110 千			
印　　数	1—1 000			
定　　价	40.00 元			

前 言 ①
PREFACE

　　作为政府间国际组织，经济合作与发展组织旨在联合国际社会共同应对全球化带来的经济、社会和政府治理等方面的挑战，并把握全球化带来的机遇。经济合作与发展组织渔业部门关注成员国的渔业发展，同时关注包括中国（非经济合作与发展组织成员国）在内的重要渔业国家的渔业发展，努力促进国际社会就渔业管理开展广泛的交流与合作。打击"非法、不报告和不管制的捕捞"（Illegal, Unreported and Unregulated Fishing, IUU Fishing）是经济合作与发展组织渔业政策的目标之一；为了在全球实施该政策，经济合作与发展组织制定相应的指导性政策，为国际社会制定相应的渔业政策提供参考。

　　《缩小打击 IUU 捕捞行为的国家法规之间的差距》（Closing Gaps in National Regulations Against IUU Fishing）回顾过去十年各国在打击 IUU 捕捞行为方面的政策和实践，并将其中的最佳经验推广给全球各国及各区域性渔业管理组织。本书可以为中国渔业政策发展提供一定的指导，帮助我们更好地打击IUU 捕捞行为。

　　2012 年，本人受农业部委派赴经济合作与发展组织担任渔业政策分析师一职，同时协调中国相关部门与该组织之间的合作。虽然已经离开经济合作与

---

① "前言"由本书译著者所写，原书中不包含"前言"。"前言"中的观点为译著者观点，非经济合作与发展组织或其成员国观点。

发展组织多年,本人一直关注该组织在渔业政策制定方面的最新动态,致力于将该组织出版的关于渔业管理理念的书籍推介给国内专注渔业管理研究的学者和相关政策制定部门。

　　本书的蓝本是经济合作与发展组织近年来出版的"可持续渔业发展"出版物之一,本人也将在国内陆续出版这些出版物的中文译著,希冀为中国的读者开展相应的渔业政策研究、相关部门制定相应的渔业政策提供一定启示。

　　最后,感谢经济合作与发展组织的同事们对本书在中国的出版给予的支持;感谢多伦多大学张仲杰(Hugo Zhang)同学为本书涉及的翻译及文字审校工作所做出的辛勤努力;感谢中国农业农村部全球渔业资源调查监测评估专项及上海市高水平地方高校(上海海洋大学)建设项目对本书出版的资助。

邹磊磊

2024 年 1 月 26 日

缩小打击 IUU 捕捞行为的国家法规之间的差距

Barbara Hutniczak, Claire Delpeuch & Antonia Leroy

（经济合作与发展组织）

本书回顾了自 2005 年以来各国在落实国际公认的打击 IUU 捕捞行为的最佳政策和实践方面取得的进展，旨在激励和指导各国政府及渔业部门的所有利益相关方通过制定政策和开展实践加强对 IUU 捕捞行为的打击力度。与此同时，本书通过一系列的政策指标，对各国政府在打击 IUU 捕捞行为关键环节的作为程度进行调查。从指标反映的情况来看，各国在过去十年间切实履行国际条约和自愿协议，积极打击 IUU 捕捞行为，并取得显著成绩。不过，这些指标也指出，无论是单独行动还是联合行动，各国在消除 IUU 捕捞行为方面仍存在诸多亟待缩小的差距。

与本书配套的另外一本书《加强打击 IUU 捕捞行为的区域行动》（Intensifying the Fight against IUU Fishing at the Regional Level）跟踪调查了打击 IUU 捕捞行为的各项最佳实践在区域性渔业管理组织层面的落实情况，并明确了加强打击力度的领域。

关键词：政策；实践；IUU 捕捞行为

致 谢
ACKNOWLEDGEMENTS

感谢所有参与本次调查的国家和经济体。

感谢欧洲委员会和地中海渔业总理事会（General Fisheries Commission for the Mediterranean，GFCM）提供和核实撰写本书所需的信息与参考资料。

感谢经合组织的同事 Kelsey Burns、James Innes、Franck Jesus 和 Roger Martini 对本书提出的宝贵修改意见。

感谢 Laetitia Christophe、Sally Hinchcliffe、Stephanie Lincourt、Michele Patterson 和 Theresa Poincet 为本书的编辑和出版所付出的辛劳。

目 录
CONTENTS

——— **表　录**

——— **图　录**

文本框录

缩略语·

ABNJ	Areas Beyond National Jurisdiction	国家管辖范围外区域
AIS	Automatic Identification System	自动识别系统
BO	Beneficial Owner	受益所有人
CDS	Catch Documentation Scheme	渔获登记计划
CMM	Conservation and Management Measure	养护与管理措施
COFI	OECD Fisheries Committee	经合组织渔业委员会
DWFN	Distant Water Fishing Nation	远洋渔业国
EEZ	Exclusive Economic Zone	专属经济区
EMFF	European Maritime and Fisheries Fund	欧洲海事和渔业基金会
EU	European Union	欧盟
FAO	Food and Agriculture Organization of the United Nations 联合国粮食及农业组织(粮农组织)	
FATF	Financial Action Task Force	金融行动特别工作组
FOC	Flag of Convenience	方便旗
GDP	Gross Domestic Product	国内生产总值
GFCM	General Fisheries Commission for the Mediterranean 地中海渔业总理事会	
GT	Gross Tonnage	总吨位

IAEG-SDGs	Inter-Agency and Expert Group on SDG Indicators 可持续发展目标指标机构间专家组	
IMO	International Maritime Organization	国际海事组织
INTERPOL	International Criminal Police Organization 国际刑事警察组织	
IPOA-IUU	International Plan of Action to Prevent, Deter and Eliminate Illegal, Unreported and Unregulated Fishing 《关于预防、制止和消除非法、不报告和不管制的捕捞的国际行动计划》	
IUU	Illegal, Unreported and Unregulated 非法、不报告和不管制的	
MCS	Monitoring, Control and Surveillance	监测、控制和监督
MPA	Marine Protected Area	海洋保护区
PSM	Port State Measure	港口国措施
PSMA	Port State Measures Agreement	《港口国措施协定》
RBM	Risk-based Management	基于风险的管理
RFMO	Regional Fisheries Management Organization 区域性渔业管理组织	
SDG	Sustainable Development Goal	可持续发展目标
UNCLOS	United Nations Convention on the Law of the Sea 《联合国海洋法公约》	
UVI	Unique Vessel Identifier	船舶唯一标识符
VMS	Vessel Monitoring System	船舶监控系统
WTO	World Trade Organization	世界贸易组织

执行摘要和重要建议·

    IUU 捕捞已经严重威胁渔业、依靠渔业为生的社区、海洋生态系统以及整个社会的发展。不过,值得庆幸的是,公众和政府逐渐认识到这一问题,并就打击 IUU 捕捞的国际合作达成了共识。如今,IUU 捕捞问题已经成为国际政治议程上的重要议题,尤其是在联合国可持续发展目标(Sustainable Development Goal, SDG)14.4 和 14.6 通过之后。联合国可持续发展目标明确指出,到 2020 年要彻底终止 IUU 捕捞,取消所有助长 IUU 捕捞的渔业补贴。

    本研究重点关注在过去十年经济合作与发展组织(Organization for Economic Cooperation and Development, OECD;以下简称"经合组织")成员国在采纳并实施国际公认的打击 IUU 捕捞最佳政策和实践方面所取得的进展,以及各国在监管与政策层面仍存在的亟待填补的漏洞和缩小的差距。本研究旨在激励和指导各国政府和渔业部门的所有利益相关方通过制定政策和开展实践加强对 IUU 捕捞的打击力度。研究还认为,虽然各国可能已经采取了多种政策和实践组合的行动,但并未对其有效性进行评估。

    本研究的分析结果是在调查各国政府打击 IUU 捕捞关键环节的作为程度这一目标框架下得出的:

    • 作为船旗国,各国在管控在国家管辖范围外区域(Areas Beyond National Jurisdiction, ABNJ)和他国水域开展捕捞活动并悬挂本国国旗船舶的表现;

- 作为沿海国,各国在管控在本国专属经济区(Exclusive Economic Zone, EEZ)开展捕捞活动的船舶的表现;
- 作为港口国,各国在实施港口管控、管制渔产品流入市场方面的表现;
- 作为市场国,各国在防止非法捕捞渔产品贸易、追查供应链上非法捕捞渔产品来源方面的表现;
- 作为上述所有角色的监管者,各国在通过监测、控制和监督(Monitoring, Control and Surveillance, MCS)制度以及处罚制度等手段执行法律法规方面的表现;
- 作为国际社会成员,各国在积极参与打击 IUU 捕捞的国际合作和跨国倡议方面的表现。

用于评估各国表现的调查反馈来自 31 个国家和经济体,其中有 23 个为经合组织成员国。调查结果已汇总为 6 项指标,用于反映政府在上述打击 IUU 捕捞方面的作为情况。2005 年,许多经合组织成员国参与了一项类似的调查,调查所收集的信息也用于编制这些指标。

对比 2016 年与 2005 年的指标值,可以看出调查对象在过去十年在打击 IUU 捕捞方面取得了长足的进展。其中最显著的变化之一就是,调查对象几乎普遍实施了全面的船舶登记和授权制度,这让船旗国能够更好地监控船舶,从而有效消除违反相关法律的捕捞活动。在十年前,实施这种制度的调查对象仅占 50%;现在,所有参与调查的经合组织成员国中的沿海国已全面实施外国籍船舶授权制度。

与此同时,港口国措施(Port State Measure, PSM)也有所加强,从而有效削弱船舶经营者出售非法渔获的可能性。例如,为了更好地开展监测、控制和监督,87% 的受调查的经合组织成员国制定了悬挂外国国旗的船舶在本国可以使用的港口清单,并要求船舶提前申请进入港口许可。此外,各国还出台了大量禁止涉嫌 IUU 捕捞的船舶进入港口或使用港口服务的措施。

调查结果显示,目前大多数经合组织国家亟须出台完善的防止 IUU 捕捞渔获进入市场的渔获登记和证明计划。如今,渔产品欺诈贸易相关的金融交易调查越来越多。报告显示,所有参与调查的经合组织成员国均已使用船舶监控系统。不过,要让船舶监控系统发挥更大作用,仍有赖于更强有力的国际合作,比如加强跨区域或国家间的信息共享,深化监测、控制和监督方面的国际合作。

然而,各国在管理捕捞相关活动方面仍然存在差距。比起管理捕捞本身,对捕捞相关活动的管理往往更为薄弱。例如,无论是在公海还是本国管辖水域,相关部门通常只要求船舶汇报渔获量,很少要求其汇报转运情况。报告显示,针对外国私营企业向本国企业租赁渔船并借此开发本国沿海海洋资源的问题,有近25%的受调查的经合组织成员国未制定任何相关的法律法规。

为了更好地追查 IUU 捕捞,需大力提升相关事务的透明度。2016 年,只有6%的受调查的经合组织成员国向公众及政府其他部门提供外国籍船舶在国内水域的捕捞授权数据。有三分之一的受调查的经合组织成员国未拥有功能完备的机制,从而未能借助贸易信息追查价值链上 IUU 捕捞渔获的流通情况。

薄弱的处罚制度让 IUU 捕捞者成了"漏网之鱼"。据调查,所有受调查的经合组织成员国均已出台了防止洗钱(原则上也涵盖 IUU 捕捞洗钱的收益)的法律法规,但其中只有26%的国家制定了专门将 IUU 捕捞视为洗钱上位犯罪途径的法律法规。此外,如果船舶登记系统要求提供船舶受益所有人(Beneficial Qwner, BO)的信息,那么起诉涉嫌 IUU 捕捞的违法行为将不再是难事。目前,仍有20%的受调查的经合组织成员国的违法渔民获得政府资助。

解决 IUU 捕捞问题的重要建议

1. 通过开展严格的登记和注销登记程序,加强对在公海开展捕捞活动的船舶授旗国的国际问责。

2. 推动所有船旗国对在公海开展捕捞活动的船舶实施强制性的国际海事组织(International Maritime Organization, IMO)船舶唯一标识符(Unique Vessel Identifier, UVI)制度。

3. 建立强有力的监管框架,确保对转运活动的有效监督。

4. 认识到国内渔民对当地海洋资源造成的重大影响,加大对在沿海水域开展捕捞活动的本国渔民的监管力度(如实施严格的捕捞授权制度)。

5. 船旗国和沿海国公开相关信息,确保船舶登记和捕捞授权的透明度。

6. 对通过租赁方式开发沿海海洋资源的行为进行有效监管。

---

7. 将国际公认的从事 IUU 捕捞的船舶列入清单,在国内进行通报;和其他国家达成高效的信息共享机制,方便核查申请获取港口服务的渔船的资质。

8. 建立严格的机制,确保港口国措施的有效实施。

9. 针对开展大规模捕捞行动的实体,实施允许跟踪 IUU 捕捞不法收益的政策,提高这些实体相关的企业的透明度,为执法机关打击非法捕捞幕后受益者收集关键证据。

10. 推动船旗国、沿海国和保险公司之间的合作与信息共享,限制从事 IUU 捕捞的船舶获得海上保险。

11. 加大打击 IUU 捕捞的宣传力度,宣传非法捕捞对海洋资源和生态可持续发展的恶劣影响;并制定相应的贸易政策,加强对目标市场的控制,严防不明来源的渔产品流入市场。

12. 实施严格政策,对申请捕捞补助的渔民进行合规性核查,确保仅为遵纪守法、无违法记录的渔民提供渔业补贴。

13. 共同努力推进在世界贸易组织(World Trade Organization, WTO)框架下制定有效的规则,禁止助长过度捕捞、产能过剩和支持 IUU 捕捞的有害渔业补贴。

14. 针对渔民处罚的透明度制定标准,全面评估现有处罚制度的有效性,积累可供他国借鉴的最佳实践经验。

15. 完善区域层面的沟通与信息共享系统,比如,建立区域性渔业情报小组,联合国际刑事警察组织(International Criminal Police Organization, INTERPOL)、区域性渔业管理组织(Regional Fisheries Management Organization, RFMO)和各国政府,交换 IUU 捕捞的信息,为整治 IUU 捕捞探索新的治理措施,分享最佳实践经验。

16. 加强公共行政部门与私营部门利益相关方(尤其是技术提供者)之间的伙伴关系,创建创新平台,提高技术,以追踪从事 IUU 捕捞的渔船的行动踪迹——例如印度尼西亚和秘鲁政府与非营利机构"全球渔业观察"(Global Fishing Watch)达成协议,共同开展一系列针对 IUU 捕捞的打击行动。

17. 发达国家应多与发展中国家分享经验,帮助发展中国家有效落实打击 IUU 捕捞的最佳政策。

以上建议完全适用于缩小本书指出的各国在打击 IUU 捕捞法规方面的差距。在经合组织成员国的共同努力下,其中许多问题在过去十年得到了有效解决。各国可查看附录 3 中按国家和经济体分列的打击 IUU 捕捞的表现评分,找到针对各国的相关建议。这些建议也同样适用于经合组织成员国以外的国家和经济体。

打击 IUU 捕捞的进展及未来
政策完善中的优先事项

1.1 IUU 捕捞屡禁不止,严重威胁海洋经济可持续发展

    IUU 捕捞对渔业、依赖渔业的社区、海洋生态系统和整个社会的可持续发展构成严重威胁(文本框 1.1)。IUU 捕捞掠夺了合法渔民本应获得的资源,加剧了不公平的竞争,导致合法捕捞的经济利润下降,创造的就业机会减少,进而瓦解渔民团体的社会凝聚力,影响渔业资源型国家的粮食安全(Petrossian,2014[1];Stiles, Kagan, Shaftel 和 Lowell,2013[2])。此外,IUU 捕捞还会给渔业资源带来难以估量的压力,让必要的政策制定变得举步维艰,严重削弱政府可持续管理渔业资源的能力(Österblom,2014[3])。在各国专属经济区和公海上开展的 IUU 捕捞均会引发上述问题(Berkes 等,2006[4])。最后,IUU 捕捞通常会使用对海洋资源和生态系统有害的捕捞技术手段,专门捕捞珍稀保护物种,有时还会对珊瑚礁造成伤害,让许多濒危物种成为兼捕的"牺牲品"(Liddick,2014[5])。

文本框 1.1　什么是 IUU 捕捞?

    根据联合国粮农组织(Food and Agriculture Organization of the United Nations,FAO)《预防、制止和消除非法、不报告和不管制的捕捞的国际行动计划》(FAO,2001[6]),非法、不报告和不管制的捕捞的定义如下:

> • 非法捕捞是指违反国家法律法规,在该国专属经济区进行的捕捞活动;同时,也包括在公海上进行的捕捞活动。但该捕捞活动违反船旗国法律,或者违反船旗国所签署的国际条约和作为区域性渔业管理组织缔约国而必须遵守的与其责任相关的法律法规。
>
> • 不报告的捕捞是指违反国家或区域性渔业管理组织的法律法规和报告程序,未向该国主管机构或该组织报告或谎报的捕捞行为。不报告的捕捞在专属经济区和公海上均有可能发生。
>
> • 不管制的捕捞是指针对没有适用的国家、区域或国际养护与管理措施(Conservation and Management Measure, CMM)的区域或鱼类种群所开展的捕捞行为。不管制的捕捞可能发生在专属经济区未受管理的渔场,或在公海上由无国籍船舶开展,或由悬挂非国际公约或相关区域性渔业管理组织缔约国国旗的船舶开展。

不仅如此,渔业产业之外的经济也深受其害。除了通过非法攫取海洋资源获得收益,IUU 捕捞还给当地其他渔业相关的经济活动造成了不小的损失(Bennett, Govan 和 Satterfield, 2015[7]),也让国家错失了征收税费的机会(Galaz 等, 2018[8]),进而削弱了政府在扶贫、投资公共基础设施、支撑发展性事业等领域的能力。非法捕捞往往利用复杂的海上转运服务网络以及伪造的捕捞文件来洗钱和获利(Liddick, 2014[5])。据 Agnew 等人(2009[9])估计,非法和不报告的捕捞每年给全球造成的经济损失高达 235 亿美元,这还不包括不管制的捕捞带来的损失及其他相关的经济损失。

IUU 捕捞本质上是一项全球性活动。渔产品作为交易量最大的食品之一(OECD/FAO, 2018[10]),在国际市场需求旺盛,因此 IUU 捕捞的渔获往往会通过各种不正当的途径出现在消费者餐桌上。从事 IUU 捕捞的渔民从一个管辖区流窜到另一个管辖区寻找牟取暴利的机会,特别钟情监管执法力度相对薄弱的区域。那些对本国管辖区域监管和治理能力不足的国家更容易出现 IUU 捕捞现象(Liddick, 2014[5])。社会经济环境恶劣也是渔民和渔业社团从事犯罪活动的原因之一(UNODC, 2011[11])。除此以外,全球化也成了这些犯罪团伙的"帮凶",帮助他们扩大非法捕捞作业的范围,并借助渔船从事毒品、武器走私和侵害人权等不法勾当;其非法所得还用来给恐怖主义"推波助澜"(UNODC, 2011[11])。

1.2　强有力的政策与国际合作——有效遏制全球 IUU 捕捞的普遍共识

在过去十年,IUU 捕捞带来的威胁日益凸显。公众和政府逐渐认识到这一问题的严重性,并就打击 IUU 捕捞的国际合作达成共识。[①] 各国已经认识到,遏制 IUU 捕捞本身就是本国渔业复苏的"助推器",根本无须采取禁渔令、强制捕捞能力转移等在社会和政治层面均招致不满的手段(Cabral 等,2018[12];OECD,2017[13])。目前,IUU 捕捞已成为国际政治议程上的重要议题,特别是在 2015 年联合国可持续发展目标 14 的具体目标通过之后,IUU 捕捞问题引发了更为广泛的国际关注。可持续发展目标提出,到 2020 年彻底终止 IUU 捕捞(14.4)(文本框 1.2),并取消助长 IUU 捕捞的渔业补贴(14.6)。[②] 呼吁加强打击 IUU 捕捞的执法力度已成为高级别会议的讨论焦点,例如,在印度尼西亚巴厘岛举办的第五届国际"我们的海洋大会"就重点讨论了这一问题[③];2018 年6 月 5 日庆祝首次"国际打击 IUU 捕捞日"[④];世界贸易组织成员同样就 IUU捕捞相关的补贴政策进行了专门的讨论(WTO,2018[14])。

> 文本框 1.2　可持续发展目标 14 之 IUU 捕捞相关的目标:
> 养护和可持续利用海洋和海洋资源以促进可持续发展
>
> **可持续发展目标 14.4**
> "到 2020 年,有效规范捕捞活动,终止过度 IUU 捕捞行为以及破坏性捕捞做法,执行科学的管理计划,以便在尽可能短的时间内使鱼类种群至少恢复到其生态特征允许的能产生最高可持续产量的水平。"
>
> **可持续发展目标 14.6**
> "到 2020 年,取消某些助长过剩产能和过度捕捞的渔业补贴,取消助长 IUU 捕

---

① 例如,在 2012 年 6 月 20 日至 22 日在巴西里约热内卢举行的联合国可持续发展会议上,与会国在成果文件《我们希望的未来》中明确提出,IUU 捕捞正在对可持续发展构成威胁(United Nations,2012[126]):"我们不得不承认,IUU 捕捞掠夺了许多国家的重要自然资源,对这些国家的可持续发展构成了持久性的威胁。"

② 打击 IUU 捕捞也有助于实现可持续发展目标 1(消除贫困)、可持续发展目标 2(零饥饿)和可持续发展目标 16(和平、正义与强大的机构)。

③ 更多信息,请访问 http://ourocean2018.go.id/。

④ 联合国大会于 2017 年 12 月 5 日通过由粮农组织提出的该项决议。

捞行为的补贴,暂停出台新的这类补贴,同时要意识到给予发展中国家和最不发达国家合理、有效的特殊和差别待遇是世界贸易组织渔业补贴谈判中不可或缺的一部分。"

目前,许多关于打击 IUU 捕捞的国际条约和自愿协议已得到世界各国的广泛接纳(文本框 1.3)。因此,为了有效打击 IUU 捕捞,包括经合组织成员国在内的许多渔业国家正在持续制定新的法律法规,不断改进监测和执法工作。

文本框 1.3 关于 IUU 捕捞的国际条约和自愿协议

自 2005 年以来,多国承诺加强打击 IUU 捕捞的措施。关于打击 IUU 捕捞的主要法律文书包括:

· 2009 年《关于预防、制止和消除 IUU 捕捞的港口国措施协定》,该协定自 2016 年起生效(FAO, 2009[15])。

· 2014 年《船旗国表现自愿准则》(FAO, 2014[16])。

· 2015 年《粮食安全和消除贫困背景下保障可持续小规模渔业自愿准则》(FAO, 2015[17])。

· 2017 年《渔获登记制度自愿准则》(FAO, 2017[18])。

1.3 打击 IUU 捕捞最佳政策实施和实践的进展

各国在打击 IUU 捕捞方面付出了巨大的努力,但有些问题依然存在。据信,每年全球捕捞渔业产量中仍有 15% 以上来源于非法捕捞或未被统计的产量(FAO, 2016[19])。这说明,监测并确定各国在采纳和实施国际公认的 IUU 捕捞最佳政策和实践方面取得的成就与存在的不足,对持续加强渔业履约监管和确定优先行动至关重要。

可持续发展目标指标机构间专家组(Inter-Agency and Expert Group on SDG Indicators, IAEG-SDGs)负责制定全球指标框架,跟踪可持续发展目标的实际进展。① 在此背景下,粮农组织被指定为指标 14.6.1 的"托管人",该指标旨在衡量"各国在实施打击 IUU 捕捞的相关国际法律文书方面的进展"。粮农组织渔业委员会于 2017 年 7 月批准了该指标方法。② 接着,粮农组织开始结合定期监测的《负责任渔业行为守则》实施情况收集这方面的数据信息:一旦受调查的国家对评分结果确认无误,该进展情况将会在国家层面进行通报。③

本书将向经合组织成员国相关部门的决策者以及与经合组织渔业委员会(OECD Fisheries Committee, COFI)合作国家和经济体介绍,为配合粮农组织协调的全球监测工作各国和经济体目前正在实施的一系列打击 IUU 捕捞措施所取得的进展,这些进展主要覆盖政策(法规和法律文书)和实践(决策进程、制度安排和部署工具)两方面,希望能够通过回顾国际法律文书和相关科学文献中记载的建议,以及利益相关方的协商案例,为各方打击 IUU 捕捞提供借鉴与思路。书中提及的"国际公认的最佳政策和实践"即指这份指标清单。④ 鉴于粮农组织指标中也提及了打击 IUU 捕捞的国际法律文书,本书将着重介绍个别相关措施的实施情况,对国际法律文书的整体履行情况则简单带过。此外,本书认为市场工具是开展国际合作的一种方式。最后,本书将公开国家层面的分类资料,供公众查阅。

本书将详细分析和阐述各国在打击 IUU 捕捞方面取得的具体成果,旨在激励那些希望在打击 IUU 捕捞方面更进一步的国家。同时,本书还将明确指出各国在打击 IUU 捕捞方面存在的监管漏洞与政策差距——如不加以重视和

---

① 这套指标在 2016 年 3 月举行的联合国统计委员会第四十七次会议上批准通过;委员会的报告在 2016 年 6 月举行的联合国经济及社会理事会第七十次会议上被记录在册,其中包括全球指标框架。更多信息,请访问 https://sustainabledevelopment.un.org。

② FAO 的指标侧重于按国家评估以下方面:遵守和实施 1982 年《联合国海洋法公约》、1995 年《联合国鱼类种群协定》和 2009 年 FAO《港口国措施协定》;根据 1993 年粮农组织《遵守措施协定》和《FAO 船旗国表现自愿准则》履行船旗国责任;根据《预防、制止和消除非法、不报告和不管制的捕捞的国际行动计划》(IPOA-IUU)制订和实施打击 IUU 捕捞的国家行动计划(NPOA)。具体落实办法,请访问 https://unstats.un.org/sdgs/metadata/files/Metadata-14-06-01.pdf。

③ 详细信息可访问 http://www.fao.org/sustainable-development-goals/indicators/1461/en/。

④ 该指标清单已更新,增加了 2005 年发表的《为什么非法渔业依然存在》(OECD,2005[22])报告中提出的一份类似的清单。

解决,这些漏洞与差距势必持续损害各国为打击 IUU 捕捞所付出的努力。本书将为世界各国、国际组织和相关渔业部门的所有利益相关方提供有效的指导,帮助各国更好地集中精力和投入,严厉打击 IUU 捕捞。

文本框 1.4　使用指标评估打击 IUU 捕捞的最佳政策和实践的进展

本书所回顾的国际公认的最佳政策和实践共分为六项,这六项内容聚焦于政府整治 IUU 捕捞的关键环节。这些指标来源于六个类别下的政策和实践的总评分(表1.1)。

四项国家责任指标旨在评估国家作为以下角色所开展的监管活动:

· 作为船旗国(在规范在国家管辖范围外区域和他国专属经济区开展捕捞活动的悬挂本国国旗渔船的表现方面)

· 作为沿海国(在管理在本国专属经济区开展捕捞活动的渔船的表现方面)

· 作为港口国(在实施港口管控措施、规制流入其市场的产品的表现方面)

· 作为市场国(在使用经济手段打击 IUU 捕捞、使用市场工具追查供应链上非法渔产品的表现方面)。

执行指标用于评估国家制定监测、控制和监督制度,开展国内部门间合作,制定完备处罚制度的能力。所有这些评估指标对各国履行上述对应的监管责任至关重要。

国际合作指标主要通过区域性渔业管理组织评估各国与其他国家联合打击IUU 捕捞的合作表现来确定。

表 1.1　经合组织打击 IUU 捕捞的政策和实践的评估指标

政策指标
船旗国责任
沿海国责任
港口国责任
市场国责任
执行
国际合作

为了更好地了解落实情况,本研究专门开展了一项调查,收集关于政府是否采取了国际公认的最佳政策和实践的相关信息,比如是否制定了必要的法律法规。同时,政府也按要求对其落实情况进行了自我评估。为了客观、透明地

将收集到的信息整合成一系列指标(文本框 1.4),本研究先对调查反馈进行了评分,再由受调查的国家对评分结果进行确认。[①]同时,本次调查收集的信息(2016 年)与 2005 年收集的相类似信息进行了对比,从而有助于更好地发现过去 10 年所取得的进展。

本调查共收到了来自 31 个国家和经济体的反馈信息——包括 23 个经合组织成员国及 8 个非成员国和经济体。[②]2015 年,这些调查对象的渔业捕捞总产量约占全球产量的 23%(FAO,2017[20]),总产值占经合组织成员国产值的85%(OECD,2017[21])。[③]本研究主要聚焦经合组织成员国,其中涉及个别非经合组织成员国和经济体(如涉及非经合组织成员国和经济体,会做特别说明)。值得注意的是,本研究并不涵盖某些重要的渔业国家,所以分析结果还需酌情对待。[④]在参考本研究或将分析结果作为基准指标时,需要把研究中提及的几个经合组织以外的国家和经济体考虑在内。总的来说,本研究旨在推动全球对有效打击 IUU 捕捞的讨论,鼓励无论是经合组织以内还是以外的国家和经济体都能取得打击 IUU 捕捞的进展,向提升 IUU 捕捞问题透明度、努力寻求最佳解决方案迈开重要一步。

---

① 关于每项国际公认的最佳政策和实践的来源调查和参考资料,以及用于将收集到的信息整合为系列指标的评分方法,见附录 1。附录 1 也包括为每个问题设置的明确标准,用以指导调查对象对落实情况进行自我评估(表 A.1)。

② 接受本次调查的经合组织成员国如下:澳大利亚、比利时、加拿大、丹麦、爱沙尼亚、德国、希腊、冰岛、爱尔兰、意大利、日本、韩国、立陶宛、拉脱维亚、荷兰、新西兰、挪威、波兰、斯洛文尼亚、瑞典、土耳其、英国和美国。接受本次调查的非经合组织成员国和经济体如下:阿尔巴尼亚、哥伦比亚、黎巴嫩、利比亚、马耳他、泰国和突尼斯等。2018 年 5 月25 日,哥伦比亚受经合组织理事会邀请成为该组织的成员国。编撰本书时,哥伦比亚加入《经合组织公约》的文书尚未交存,因此哥伦比亚不在经合组织成员国名单内,也未计入经合组织区域范围内。参与 2005 年和 2016 年两次相同调查的国家包括澳大利亚、比利时、加拿大、德国、冰岛、爱尔兰、意大利、日本、韩国、荷兰、新西兰、挪威、斯洛文尼亚、土耳其和美国。

③ 为了计算经合组织成员国的渔业产值份额,根据 FAO 报告(FAO,2017[20])发布的渔业产量,并根据 2015 年上报了相关数据的经合组织成员国的指标价格(即平均价格),估算得出缺失数据的国家的渔业产值(OECD,2017[21])。

④ 未纳入本次调查的重要经合组织渔业国家如下:智利、芬兰、法国、墨西哥、葡萄牙和西班牙。

1.4 经合组织成员国:政策进展显著,但部分领域的关注度有待加强

2005 年,IUU 捕捞屡禁不止,背后的关键原因在于相关立法和管理措施不到位(OECD,2005[22])。因此,本研究所得到的结论可谓振奋人心:在过去十年,受调查的经合组织成员国在实施国际公认的打击 IUU 捕捞最佳政策和实践方面取得了长足的进展(图 1.1)。

调查结果显示,各国在承担其作为船旗国、沿海国、港口国和市场国责任方面的表现愈加出色。目前,受调查的国家普遍采取了船舶登记与捕捞授权制度,不仅能有效监控船舶,还能切实打击违反相关规定的捕捞活动(见第 2 节和第 3 节)。港口国广泛将相关打击措施落到实处,有效切断了从事 IUU 捕捞的船舶进入卸载区的渠道(见第 4 节)。与此同时,为了更好地打击 IUU 捕捞,越来越多的国家开始采取市场手段和统一的经济激励措施(见第 5 节),比如几乎所有受调查的国家均已实行渔获登记和证明计划,防止非法捕捞的渔获流入市场。此外,有针对性的营销活动也有助于提高消费者对 IUU 捕捞问题的认识。加强消费者对渔产品来源重要性的认识,可以帮助他们更好地承担社会责任。这样一来,随着消费者对来自正规途径渔产品需求的上涨,渔民从事合法捕捞作业的积极性也在上涨,增强了守法渔民的竞争力。同时,加强对渔产品贸易相关的金融交易的调查,杜绝来自非法采购渠道的渔产品,已经成为各国普遍使用的打击 IUU 捕捞的手段之一。

现行的改革正在推动各国出台全面的整治 IUU 捕捞的法律法规,为后期的有效执法打下了坚实的基础(见第 6 节)。目前,受调查的国家广泛使用各类执法工具对相关水域进行监管,严打 IUU 捕捞。[①] 通过实行与最佳实践相应的全面的监测、控制和监督制度以及处罚措施,相关部门能够更有效地打击 IUU 捕捞。

与此同时,各国在国际合作方面也取得了显著的进展(见第 7 节)。目前,大多数国家已经意识到共享在公海上发现的非法捕捞信息的重要性,并已建立了相关渠道与区域性渔业管理组织进行信息交换,比如关于涉嫌 IUU 捕捞的

---

① 未收集 2005 年执法方面的数据,因此无法进行比较。

船东、经营者和船员的身份信息。这项措施表明,打击 IUU 捕捞是世界各国普遍追求的目标之一,各国愿意为之付出统一的努力,以共同切实保护海洋环境。

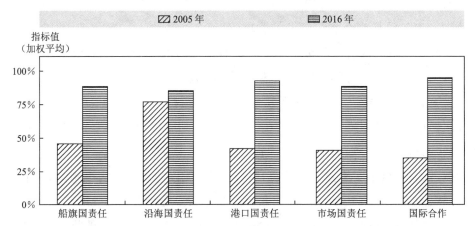

图 1.1 受调查的国家打击 IUU 捕捞的最佳政策实施和实践的进展(2005 年与 2016 年)

注:政策指标基于经合组织以打击 IUU 捕捞措施的调查反馈为权重的加权平均数。结果仅限于收集了相应数据的 2005 年与 2016 年的问题子集。由于 2005 年并未收集相关数据,所以相关执行指标不包括在内。调查结果涵盖受调查的经合组织成员国。针对打击 IUU 捕捞的最佳政策实施和实践情况的评估方法的详细信息,可参阅附录 1。

来源:2017 年经合组织打击 IUU 捕捞措施数据库。

不过,从研究结果可以看出,有些领域仍需给予更多的关注。第一,各国在船舶登记要求的覆盖面上仍存在明显差异。例如,在受调查的经合组织成员国中,只有约 50% 的国家要求在公海上从事捕捞作业的船舶提供其受益所有人的信息(见第 2.1 节),而要求在国内水域从事捕捞作业的船舶提供信息的国家却仅为 39%(见第 3.2 节);第二,强制性的船舶唯一标识符尚未得到普及。有 91% 的受调查的经合组织成员国未对此提出要求。与捕捞管理本身相关的法律法规相比,各经合组织成员国适用于捕捞相关活动(例如转运)的法律法规的约束性则比较低。在公海捕捞作业方面,尽管所有国家都有与捕捞授权相关的立法,但仅有 78% 的受调查的成员国有专门针对捕捞相关活动授权的立法(见第 2.2 节)。通常情况下,无论在公海(见第 2.2 节)还是在国内专属经济区(见第 3.2 节),各国普遍要求船舶报告渔获情况,而对转运情况的报告要求则较为少见。因此,对转运及其他渔业相关活动的监管不力为从事 IUU 捕捞的不法分子大开方便之门，让 IUU 捕捞渔获得以进入供应链。在许多经合组织成员国，除了负责渔业管理的主要部门外，公众和其他政府部门都难以获取关于捕捞授权（捕捞许可证）的数据信息。如此一来，烦琐冗长的数据信息获取流程进一步阻碍了追查非法活动的进程（见第 2.2 节和 3.1 节）。2016 年，仍有 23％的受调查的经合组织成员国尚未针对通过向本国企业租赁渔船并借此开发本国沿海海洋资源的外国企业建立相应的监管制度（见第 3.1 节）。就港口国措施而言，调查发现，各国在落实优先检查渔船机制、制定港口检查数量目标方面仍存在诸多不足。受调查的经合组织成员国中仅 70％完全采取上述两项措施（见第 4 节）；就市场国责任而言，仅有 65％的受调查的经合组织成员国反馈称，本国已全面实施允许借助贸易信息追查 IUU 捕捞的监测机制，如利用海关提供的信息追踪 IUU 捕捞渔获在价值链上的流通动向。尽管所有受调查的经合组织成员国均制定了关于防止洗钱（原则上涵盖 IUU 捕捞的收益）的法律法规，但其中只有 26％的国家反馈称，本国相关法律法规专门将 IUU 捕捞纳入洗钱上位犯罪的范围（见第 5.2 节）。另外，在所有受调查的经合组织成员国中，限制从事 IUU 捕捞的犯罪嫌疑人获取政府支持的国家仅占 80％（见第 5.3 节）。

根据调查，渔业法律法规的执行机制也有待改进。目前，监测、控制和监督制度尚未得到普遍实施（见第 6.1 节），劝阻性处罚制度仍不到位（见第 6.3 节），不断给从事 IUU 捕捞的不法分子创造可乘之机。不过，即使相关法律法规再健全，其效力也会因政府部门间缺乏协调而大打折扣（见第 6.2 节）。目前，只有 70％的受调查的经合组织成员国反馈称，本国已专门成立打击 IUU 捕捞的特别工作组或部门间协调队。另外，通过加强税务部门和海关的参与度，经合组织成员国可以更快地追查洗钱等相关犯罪，有效打击 IUU 捕捞。

据调查，有 87％的受调查的经合组织成员国的海关参与了 IUU 捕捞的追查工作，而税务部门的参与度仅为 26％。目前，国际社会常见的整治举措包括建立部门间合作性的监测、控制和监督制度，开展联合打击行动，成立专门的区域工作组或工作队（87％）。不过，以上举措尚未在各国得到普遍实施（见 7.1 节）。

第 2 节至第 7 节将详细回顾每项主要政策和实践所取得的进展以及有待

改进之处,这也为六项经合组织打击 IUU 捕捞政策指标的制定打下基础。附录 3 按国家和经济体分列出具体评分(包括非经合组织成员国和经济体)。

1.5 经合组织成员国的最佳实践经验值得其他渔业国借鉴学习

图 1.2 总结了所有指标的信息。研究结果显示,多数受调查的经合组织成员国似乎正在实施与其作为船旗国、沿海国、港口国和市场国角色相关的国际

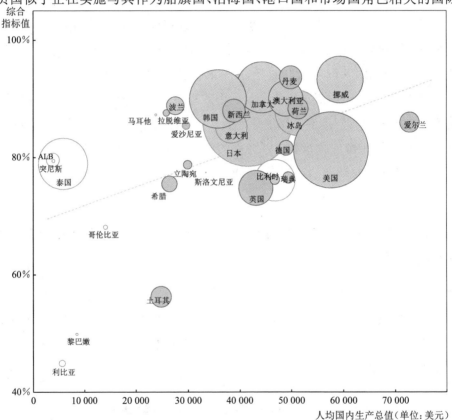

图 1.2　基于人均国内生产总值(Gross Domestic Product,GDP)
的打击 IUU 捕捞的政策和实践的综合指标

注:人均国内生产总值数据来源于经合组织成员国生产总值数据库(OECD,2018[23])。灰色圆形代表各经合组织成员国;白色圆形代表非经合组织成员国和经济体。圆形面积的大小由预估产值决定(FAO,2017[24];OECD,2017[21]);详见第 13 页脚注③。

来源:2017 年经合组织打击 IUU 捕捞措施数据库。

公认的最佳政策和实践,同时也在落实其他相关的举措,促进国际合作。此外,值得注意的是,落实打击 IUU 捕捞政策和实践的程度可能往往与人均国内生产总值(此处用作衡量各国发展的指标)密切相关。这说明,经合组织区域以外的国家或存在更大的监管差距和实施困难。

缩小与第三国的监管差距,缓解第三国的政策实施困难,有助于切实打击全球 IUU 捕捞行为,保护海洋资源,促进包括经合组织成员国在内的国际社会的可持续发展。因此,各国除了继续实施最佳政策外,还需加强国际合作;经合组织成员国也要积极承担起指导其他国家改进打击 IUU 捕捞的政策工作的责任,同时避免削弱各国所采取的努力,争取在较短的时间内取得更好的成果。如本书所示,经合组织成员国能为其他国家提供经验借鉴,在指导各国探索实施可行措施时为他们提供可靠信息来源——各国可以借鉴经合组织在实施一整套打击 IUU 捕捞的政策和实践方面的先行经验。因此,本书所开展的调查同样适用于未参与调查的第三国,并能指导他们认识到双边合作与援助的优先事项。

1.6 打击 IUU 捕捞的政策指标——一项为全球渔业决策者和管理者提供的实用工具

经合组织打击 IUU 捕捞的政策指标是一项实用工具,可用于对比各区域的整治工作或凸显某国较为成功的政策和实践及其缺陷和不足(文本框 1.5)。鉴于此,这些政策指标有助于指导制定出能够反映国际公认的打击 IUU 捕捞的最佳实践的政策。

文本框 1.5 使用经合组织打击 IUU 捕捞的政策和实践指标

本文本框旨在说明,如何使用经合组织打击 IUU 捕捞的政策指标去检测所付出的不同程度的努力。由于 IUU 捕捞具有跨界特点,除了调查国内政策和实践方面的差距外,各国可能还有意于调查区域层面的政策和实践总水平。例如,图 1.3 将挪威(左侧图形)和本研究调查的地中海和波罗的海渔业国家(右侧图形)的结果与经合组织的平均水平进行比较。

从图 1.3 可明显看出,挪威是经合组织成员国中评分最高的国家——该国在打击 IUU 捕捞方面表现突出,特别是在执行和完善国际合作程序方面发挥着主要作用。地中海国家间的国际合作(本研究调查了地中海国家间的部分国际合作项目)也处于较高水平,但由于几个受调查的地中海国家之间存在差距,导致和港口国责任相关的措施未充分发挥作用。在波罗的海地区,港口国措施和市场工具的使用率格外高。其余方面则均接近经合组织的平均水平。

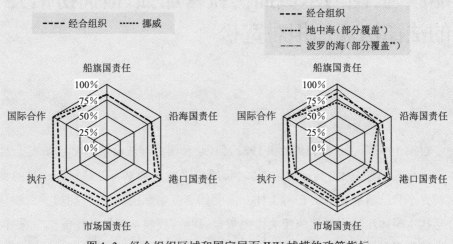

图 1.3　经合组织区域和国家层面 IUU 捕捞的政策指标

注:* 地中海国家(地中海沿岸国家)包括接受本次调查的经合组织成员国(希腊、意大利、斯洛文尼亚和土耳其;这些国家对经合组织的平均水平做出了贡献)以及接受本次地中海渔业总理事会共同协调的调查的非经合组织成员国(阿尔巴尼亚、黎巴嫩、利比亚、马耳他和突尼斯)。** 波罗的海国家(波罗的海沿岸国家)包括接受本次调查的经合组织成员国(丹麦、德国、爱沙尼亚、拉脱维亚、立陶宛、波兰和瑞典)。
来源:2017 年经合组织打击 IUU 捕捞措施数据库。

2

船旗国：国内水域捕捞监管加强，但捕捞相关的法律法规仍相对宽松

根据 1958 年《公海公约》和 1982 年《联合国海洋法公约》规定，凡是悬挂本国国旗的船舶，无论其地理位置如何，船旗国对其均享有管辖权。这里的管辖权并不意味着船旗国对在海上作业的船舶享有实际控制权，但船旗国有责任对悬挂本国国旗的船舶实施相关适用规定。因此，授权某船舶悬挂国旗意味着，船旗国有责任对在本国管辖范围外区域和他国管辖水域的捕捞以及捕捞相关活动实施有效监管和控制。①

船旗国所采取的强有力政策和实践能有效预防远洋渔业国（Distant Water Fishing Nation, DWFN）涉足 IUU 捕捞。悬挂方便旗，即在监管或执法宽松的国家登记船舶，会让船东和捕捞者钻环境或劳工法规的空子，或通过避税降低成本（OECD, 2013[25]；Liddick, 2014[5]；NAFIG 和 INTERPOL, 2017[26]）。另外，有些在公海上作业的方便旗船还经常见机更换船旗，逃避相关部门对非法捕捞的检查（Birnie, 1993[27]；Gianni 和 Simpson, 2005[28]；Miller 和 Sumaila, 2014[29]），从而影响对船舶活动的有效追踪和控制。有了方便旗的庇护，那些本被认定为从事 IUU 捕捞并在某个管辖区受到处罚的船舶，仍有机会在其他管辖区继续作业。

---

① 船舶受其登记国的国内法律管辖，并始终悬挂该国国旗。然而，当船舶在其他国家的管辖范围区域内作业时，则受该国法律的管辖，且两种管辖权并存。

　　根据经合组织提供的建议(2005[22])和 2014 年《船旗国表现自愿准则》制定的规定(FAO,2014[16];Erikstein 和 Swan,2014[30]),本书重点关注专属经济区之外的区域,即研究在他国管辖区域或在国家管辖范围外区域(此处指远洋船队)这两个重要区域,船旗国如何监测本国渔船捕捞或捕捞相关活动以更好承担船旗国责任(Englender 等,2014[31];Churchill,2012[32];Erceg,2006[33];Kao,2015[34];Erceg,2006[33])。研究发现,以下两个举措将有助于船旗国更好地承担船旗国责任。一是继续普及远洋船队登记制度(见第 2.1 节)。船舶登记是指一国为船舶核发证书并授予船舶国籍的过程,一经登记便意味着该船舶有资格进行国际航行,但也意味着该船舶必须遵守船旗国法律。二是对远洋船队(见第 2.2 节)采取授权制度。船舶授权是指向已登记的船舶发放从事特定捕捞或捕捞相关活动的牌照或许可证。授权将明确规定船舶的许可活动范围,如可以捕捞的目标物种、可以采用的捕捞技术和可以作业的地理位置。授权的目的就是确保船舶从事的活动符合现行的养护与管理措施。船舶登记必须在授权之前进行,但二者的关系却是相辅相成的。无论采用登记还是授权制度,都可同时采取其他相同的措施,这样可以一定程度上达到预防 IUU 捕捞的目标。[①]

2.1　船舶登记已成为基本行动,但覆盖面仍需扩大

　　各国的船舶登记制度能否有效打击 IUU 捕捞取决于若干因素。船舶登记时要求提供的相关信息越全面,就越容易追查其活动,可采取的预防 IUU 捕捞行为的范围也就越广。例如,审查船舶是否存在违规或中途更换船旗的行为或在登记前是否已在其他国家登记等历史记录,可以防止从事 IUU 捕捞的船舶为了躲避相关处罚,从一个登记国转移到另一个登记国(在多国登记);要求船舶提供船舶受益所有人[②]信息,便于确保船舶登记人与因涉足 IUU 捕捞而被定

---

① 例如,在船舶登记或授权阶段,必须核查船舶是否有 IUU 捕捞记录。

② 受益所有人是指＊最终拥有或控制客户的自然人＊＊和/或以其名义进行交易的自然人。同时,还包括对法人或协议实行最终有效控制的人。＊"最终拥有或控制"和"最终有效控制"是指通过所有权链或直接控制以外的控制方式实行所有权/控制的情况。＊＊此定义也应适用于人寿或其他投资相关保险单下的受益所有人或受益人(FATF/OECD,2014[73])。

罪的船东或经营者无法律、个人、财务或其他方面的联系,并对船舶实施完全控制。其次,运用经济手段打击 IUU 捕捞行为也是常见举措之一(见第 5 节)。要求船舶提供国际海事组织船舶唯一标识符(文本框 2.1),这样可以与其他来源的数据进行交叉检查,提升监测、控制和监督能力和透明度,增加船舶从事非法作业的难度。特别是当船舶拥有多重身份、中途更换船旗、船名和无线电呼号以逃避调查和处罚时,强制使用国际海事组织船舶唯一标识符就显得尤为重要。同时,此举也有助于遏制人口贩卖等相关犯罪行为(EJF,2013[35];ILO,2013[36])。此外,定期更新登记资料能够有效增加信息间的关联性,提高信息的透明度,从而能够切实强化船旗国问责制,更好地为公众所监督(OECD,2013[25];McCauley 等,2016[37];Merten 等,2016[38])。最后,确保从事转运等捕捞相关活动的船舶严格遵守登记程序,有助于提高追查和预防 IUU 捕捞工作的有效性。因此,如果转运等相关法律过于宽松,会给 IUU 捕捞者留下可钻的“空子”——他们会利用未直接参与非法活动的船舶的相关文件躲避审查,从而将其 IUU 捕捞渔获“洗白”进入市场,并可能削弱港口的监管控制力。

2005 年经合组织报告显示,各国的远洋船队登记程序还存在诸多缺陷(OECD,2005[22])。而新的调查发现,自 2005 年以来,这一问题已有明显改善。2016 年,所有参与调查的经合组织成员国均反馈称,本国已要求全面对从事捕捞与捕捞相关活动的远洋船队实行登记程序。而在 2005 年,这一比例仅分别为 60% 和 33%(图 2.1)。另外,有 83% 的受调查的经合组织成员国反馈称,本国会经常更新登记资料。2016 年,禁止对有 IUU 捕捞记录的船舶提供登记服务的受调查的经合组织成员国比例也从 2005 年的 40% 上升到了 83%,而禁止对已在别国登记的船舶提供登记服务(临时除外)的成员国比例从 33% 上升到了 91%;强制要求船舶在撤销登记前缴纳罚款的比例也从 2005 年的 27% 上升到了 91%。目前,有 87% 的受调查的经合组织成员国已公开了本国的船舶登记信息。

文本框 2.1　船舶唯一标识符(Unique Vessel Identifiers, UVIs)

1987 年，国际海事组织根据《国际海上人命安全公约》，经第 A. 600(15)号决议，通过了 IMO 船舶识别号计划。该计划自 1996 年 1 月 1 日起强制实行，但只适用于 100 总吨位(Gross Tonnage, GT)及以上的客船和 300 总吨位及以上的货船。船舶唯一标识符是以 IMO 字母为前缀的七位数字号码，用于识别船舶身份和长期追踪其活动，且不受船舶名称、所有权或船旗变更的影响，直至船舶报废才可注销。

继 2005 年粮农组织部长级会议通过《关于非法、不报告和不管制的捕捞的罗马宣言》，呼吁对渔船实施全面登记，随后粮农组织渔业委员会进行了关于建立渔船、冷藏运输船和供应船全球记录库的可行性研究。该委员会在 2012 年得出结论，最可行的渔船追查方法是将更多渔船纳入国际海事组织船舶识别号计划。

2013 年该计划取得进展，国际海事组织通过了一项与粮农组织共同发起的提案，并通过了第 A. 1078(28)号决议，允许国际海事组织船舶识别号计划自愿适用于 100 总吨位及以上的渔船。因此，将国际海事组织渔船识别号作为渔船唯一标识码的条件已经具备。该计划属于自愿性质，可及时提供有关船舶身份识别的可靠信息。自 2013 年以来，众多区域性渔业管理组织、欧盟(欧盟 1962/2015)以及部分沿海国和船旗国已要求所有合格船舶使用国际海事组织船舶唯一标识符(TMT, 2017[39])。

了解更多渔船登记、冷藏运输船和供应船全球记录库信息，请访问 www. fao. org/global-record。

不过，各国在要求登记的覆盖面上仍存在较大差异(图 2.2)。标准登记要求提供包括船舶特征(如长度、吨位和功率)、国际海事组织船舶唯一标识码以及登记船舶的法人或自然人在内的信息。不过，目前只有约 50% 的受调查的经合组织成员国要求船舶提供受益所有人的姓名和国籍。此外，要求从事捕捞相关活动的船舶和渔船执行相同登记要求的国家仅占 61%。

2.2　授权制度正广泛应用于保障养护与管理措施的落实

采取严格的远洋船队授权制度，能切实保障国际协议规定的养护与管理措施以及其他相关经济和社会法律法规在授权范围得到有效落实。划定授权区域和期限后，各国便可对授权捕捞能力进行控制，以便更好地评估捕捞的潜在

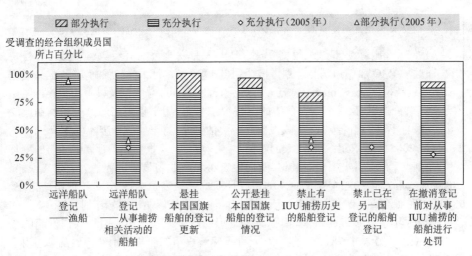

图 2.1　船旗国措施的实施情况（2005 年与 2016 年）

注：2005 年调查的问题不包括是否更新登记以及登记信息是否公开；* "临时需要"除外。
来源：2017 年经合组织打击 IUU 捕捞措施数据库。

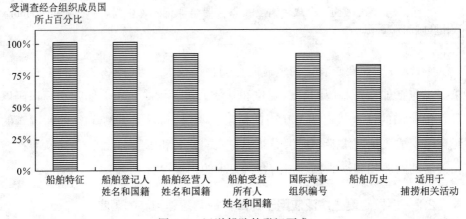

图 2.2　远洋船队的登记要求

来源：2017 年经合组织打击 IUU 捕捞措施数据库。

影响以及必要的执行能力。① 通过核验船舶是否有捕捞违规历史，各国可拒绝
曾从事 IUU 捕捞的船舶船东或经营者的授权申请。即使更换了船旗或船舶名

---

① 由于船旗国对悬挂其国旗的船舶负责，其执行能力应足以管辖其在国家管辖范围外区
　域的远洋船队。然而，可以和在相同区域开展捕捞活动的合作国家共同商定相关执行措
　施。

称,各国也可通过核验船舶唯一标识符对船舶的注册历史进行交叉检查。通过强制使用船舶监控系统或要求配备随船观察员,各国能够详细了解船舶作业情况尤其是捕捞的地理位置,从而降低执法难度。记录捕捞日志以及向主管机关报告渔获和转运的相关要求,能够有效增强渔获的可追溯性,方便相关部门监测 IUU 捕捞渔获流入市场的路径和动向。

建立明确的授权标准和透明的授权制度,是减轻监管难度、降低腐败发生率的重要举措之一(Hanich 和 Tsamenyi,2009[40])。例如,公开授权清单可以允许第三方核查船舶在指定区域从事捕捞作业的资格,也可以通过现有的 IUU 船舶清单交叉检查授权清单。

附加的申请标准可以扩大授权制度的运行范围,预防渔业相关犯罪,保障渔业可持续发展。如在授权时要求船舶经营者提供证明其船上工作条件符合国家立法要求的凭证,可有效预防近年来屡屡发生的人权侵犯问题(Surtees,2013[41]；EJF,2015[42])。

与此同时,为了切实保护公海海洋资源,各国纷纷制定了授权资格的可持续性标准(Havice,2010[43])。粮农组织《船旗国表现自愿准则》明确建议:无论是在与第三国签订的双边协定内,还是在任何协定之外,只有在船舶的作业不损害鱼类种群可持续性的前提下,船旗国才可授权船舶在第三国水域从事捕捞作业(FAO,2010[16])。[①] 在气候变化和公海新兴渔业发展的背景下,可持续性标准或将变得越来越重要。[②]

当捕捞作业发生在双边协定的范围内时,协定条件的透明公开就显得尤为重要,因为这有利于评估捕捞作业是否符合规定,以及是否实行了必要的预防性措施以避免资源过度开发(Gagern 和 Van Den Bergh,2012[44])。对资源使用权的公平经济补偿可以为向悬挂外国船旗的渔船开放专属经济区的国家提供资金,帮助这些国家通过加强能力建设和改进监测、控制和监督行动以更有力

[①] 可持续发展目标 14 还提出,捕捞授权应符合可持续渔业管理的国际承诺(Garcia 和 Staples,2000[123])。

[②] 例如,这可能包括北极海洋,目前尚无区域性渔业管理组织获得管理北极海洋(Kaiser,Fernandez 和 Vestergaard,2016[124])鱼类种群的授权。

地打击非法、不报告和不管制的捕捞（Mwikya,2006[45]）。

2005 年经合组织报告（OECD,2005[22]）指出,远洋船队授权制度尚未在各国得到普遍实施。在这之后,大部分国家已经完善了相关法律法规。新的调查发现,在经合组织成员国中,已实施捕捞活动授权制度的国家比例从 87% 上升到 100%,而实施捕捞相关活动授权制度的国家也从原来的 40% 上升到现在的 78%。

然而,各国在申请授权需要提交信息的全面性上仍存在较大差异。图 2.3 反映了各国要求申请授权的远洋船队提交信息的情况。据调查,2016 年各国的捕捞授权制度普遍界定了授权区域、范围和期限。大部分受调查的经合组织成员国还要求船舶使用船舶监控系统,记录捕捞日志,并报告渔获情况,以获得和维护捕捞授权。此外,这些国家还将申请人是否遵守法律法规纳入批准授权的考察范围。

推行强制性船舶唯一标识符的工作仍有待改善。目前,只有 78% 的受调查的经合组织成员国要求对超过一定尺寸的渔船进行全面标识;仅有部分国家要求提供观察员覆盖和转运报告情况,比例分别为 43% 和 70%。同样,对可持续性标准、工作条件核查提出要求的国家的比例也很低,分别为 43% 和 52%。

在透明度方面,只有 38% 的受调查的经合组织成员国公布了获准在本国

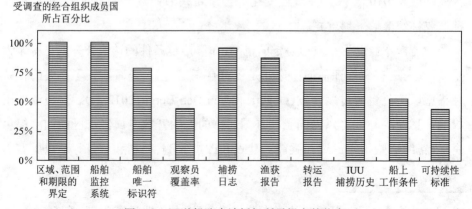

图 2.3 远洋船队申请授权所需提交的信息

来源:2017 年经合组织打击 IUU 捕捞措施数据库。

专属经济区外开展捕捞作业的船舶的完整清单，有91％的国家公布了允许进入第三国渔场的双边协定的全部清单（适用于已签署此类双边协定的国家）。

3

沿海各国致力于更好地管理本国
水域内的资源

1994 年生效的《联合国海洋法公约》规定，包括岛屿国家在内的沿海国对其海岸线 200 海里以内水域的自然资源享有主权，且划定这片水域为该国专属经济区。沿海国可将其在《联合国海洋法公约》下获得的管辖区内的捕捞机会出售给远洋渔业国（Mwikya, 2006[45]；Le Manach 等, 2013[46]），[①] 这在为沿海国创造新的贸易良机的同时，也规定了沿海国有责任对其专属经济区内的捕捞作业和捕捞相关活动进行监管。

登记和授权制度既是管理国家管辖范围外区域和外国专属经济区内船舶的一项关键性工具，也是国内专属经济区资源可持续化管理的一种便捷手段。如果捕捞机会分配系统运作良好，能帮助各国准确衡量捕捞能力，由此估计对监测、控制和监督制度的需求程度，并评估捕捞作业对国家水域资源和生态系统造成的潜在影响。保证上述系统的信息透明公开，有助于及时发现并举报未经授权的捕捞活动，包括在同一水域开展捕捞并致力于合法捕捞的渔民发现并举报这些未经授权的捕捞活动（Cavalcanti 和 Leibbrandt, 2017[47]）。对捕捞许可证或捕捞配额进行有效定价，让沿海国有能力为其管辖水域的资源管理和执

---

① 无论是双边协定还是多边协定，均可以成为协调捕捞行为的重要工具，尤其是在以跨界和洄游鱼类种群为主的捕捞行动中发挥重要作用。根据远洋渔业国与沿海国之间的国际协定，外国籍船舶除遵守船旗国法律外，还必须遵守沿海国法律。

法提供资金支持(Arnason, Hannesson 和 Schrank, 2000[48])。反之,若登记和授权制度制定不当,会导致沿海水域产能过剩,滋生超过可持续限度的捕捞活动,造成资源枯竭和执法困难(INTERPOL, 2014[49]; Hanich 和 Tsamenyi, 2009[40])。

3.1 租赁渔船安排仍影响着沿海水域管理

沿海国对外国籍船舶在国内专属经济区的捕捞活动缺乏完善的授权制度和记录保留实践,致使对沿海资源捕捞作业的监管力度不足,进而无法有效防止国内水域发生 IUU 捕捞。许多外国企业还利用租赁渔船协议从中牟利。根据租赁渔船协议,若悬挂外国国旗的船舶与当地企业合作,则可在沿海国专属经济区捕捞渔业资源。若该类租赁渔船安排缺乏管控,则会掠夺当地渔民可开发的渔业资源。因此,需要对这些租赁渔船协议加以控制,避免外国经营者将其作为监管漏洞来开发他们本无法获得的渔业资源。

2005 年,有80%的受调查的经合组织成员国反馈称,外国籍船舶需要得到授权方可在其专属经济区内作业;有73%反馈称,他们会保留外国籍船舶在其管辖水域的活动记录。然而,2005 年只有少数国家(23%)对外国企业通过租赁渔船协议获得开发国内渔业资源的行为采取管控措施。调查发现,至2016年,沿海国针对外国籍船舶在其专属经济区活动的管理措施已取得显著进展。在受调查的经合组织成员国中,允许签订租赁渔船协议的国家开始全面实施外国籍船舶授权制度,并保留其在该水域的活动记录(图3.1)。此外,有少数国家完全禁止外国籍船舶进入其沿海水域。不过,与他国签订的渔业协定下所允许的捕捞能力的透明度也是问题之一。在受调查且签订渔业协定的成员国中,仅有6%完全公开了获准在其国内水域进行捕捞作业的外国籍船舶名单。虽然各国在规范租赁渔船协议方面取得了重大进展,但调查表明,即使到了2016年,仍有23%的受调查成员国尚未解决这一问题。

3.2 船旗国对远洋船队实施较严格的登记和授权要求,但对国内水域大型船队的要求则较宽松

大型渔船的特点是渔获量大,造成的环境破坏程度也相对较高(Jones,

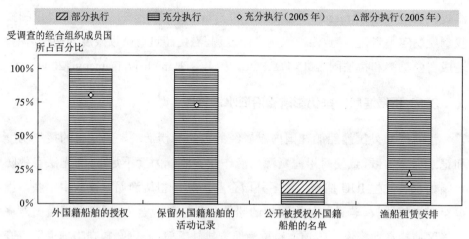

图 3.1　沿海国措施的实施情况（2005 年与 2016 年）

注：在 2005 年的调查中，未涉及公开外国籍船舶名单问题。
来源：2017 年经合组织打击 IUU 捕捞措施数据库。

1992[50]）。[①] 各国需对在本国水域内开展捕捞作业的大型船舶（此处指所有在国内水域开展捕捞作业的船队，不论悬挂本国国旗或外国国旗）加强管制，确保船队达到本国制定的渔业资源养护和管理目标。与第 2.1 节和第 2.2 节所述的在国家管辖范围外区域作业的远洋船队一样，国家也要求在国内水域作业的船队在登记和申请授权时提交全面信息，两者的目的是相同的，也即加强对船舶的管控（如通过船舶监控系统），保证渔获的可追溯性（如通过转运报告），防止 IUU 捕捞行为的频繁发生（如通过核查 IUU 捕捞历史）。

　　如图 3.2 所示，受调查的经合组织成员国反馈称，与针对远洋船队的措施相比，各国对国内船队施行的登记和授权法律法规相对宽松（见第 2 节）。[②] 多数国家要求上报船舶的特征、申请登记船舶的个人或实体的详细情况以及船舶

---

① 大型船舶与小型船舶之间的差异取决于各国对船舶的具体定义，本次调查对象对船舶的定义各有不同。

② 远洋船队这一概念仅限于捕捞范围内使用（即在他国管辖区或国家管辖范围外区域开展捕捞作业的船舶）。然而，在近岸海域以外区域开展捕捞作业所需的捕捞能力，意味着在这一区域的捕捞作业由大型船只承担。因此，远洋船队与在国内水域作业的大型船舶（即国内水域作业船队）之间存在差异。此外，虽然此处基于捕捞作业区域得出两者的差异，但应知，部分船舶可能既在国内水域开展捕捞作业，又在国家管辖范围外区域开展捕捞作业。

30

的国际海事组织船舶唯一标识符,以便对船舶进行登记,但所需信息不如远洋船队那么细致。此外,在对远洋船队的调查中发现,在登记过程中,对于是否提供船舶受益所有人的姓名和国籍等信息以及是否适用于从事捕捞相关活动的船舶等问题,仍存在较大的立法空白。

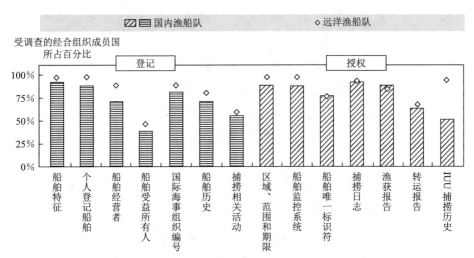

图 3.2　国内水域作业船队与远洋船队在登记与申请授权时需提交信息的差异对比

注:横纹柱型代表登记时需提交信息的要求;斜纹柱型代表申请授权时需提交信息的要求。
来源:2017 年经合组织打击 IUU 捕捞措施数据库。

在授权程序方面,绝大多数受调查的经合组织成员国要求其国内水域作业船队安装船舶监控系统(91%)、提供船舶唯一标识符(78%)、执行船舶捕捞日志规定(96%)、上报渔获量(91%),但要求国内水域作业船队报告其转运量的国家则仅有 65%(图 3.2)。国内水域作业船队与远洋船队适用法律法规之间最大的差异在于,在授权过程中是否核实船舶的 IUU 捕捞历史——仅有 52%的受调查成员国报告称,要求其国内水域作业船队上报 IUU 捕捞历史,而对远洋船队有此要求的成员国比例高达 96%。

3.3　国内小规模渔业通常享有特别豁免权,但多数国家仍密切关注其捕捞能力

据估计,全球可供食用的渔产品中约有三分之二来自小规模渔业(FAO,2015[51];Jentoft 等,2017[52])。该估计数据表明,各国亟须对小规模渔业活动进

行充分的监测、控制和监督,确保其渔获均有上报,各项养护与管理措施也得到执行。因此,对小规模渔业执行登记和授权制度对于有效管理国内专属经济区的捕捞能力至关重要。然而,针对小规模渔业的管理条例往往深受历史文化环境的影响,因而对其采取因地制宜的举措就显得十分关键。在某些情况下,一些国家发现有必要调整其法律法规,为传统做法和特别豁免权留有余地,以确保政策的顺利实施(Hauck,2008[53])。

2014 年,粮农组织成员国通过了《保障可持续小规模渔业自愿准则》(FAO,2015[17])。该准则强调各国需建立包括 IUU 捕捞行为在内的渔业数据收集框架,支持负责任的小规模渔业行为和渔业可持续发展。此外,该准则还呼吁各国提高能力建设水平,加强监测、控制和监督制度,并采取有力措施有效反映当地的渔业情况。

关于 2016 年小型船舶的管理条例,多数受调查的经合组织成员国反馈称,已提出了对小型船舶的相关义务要求,其中 96% 的成员国要求船舶进行登记,91% 的成员国要求小型船舶在从事任何渔业相关活动前,应先获得捕捞许可,① 这表明各国对于小型渔船应遵守监测、控制和监督制度有关规定达成了共识(图 3.3)。此外,30% 的成员国反馈称,他们专为小型渔船设计了打击

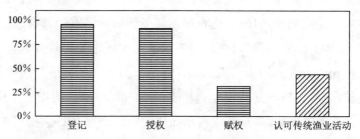

图 3.3　适用于国内小规模渔业的法律法规

注:最右边的柱型(表示认可传统渔业活动)未列入沿海国责任指标。
来源:2017 年经合组织打击 IUU 捕捞措施数据库。

---

① 此外,由于小型渔船在性质上更具地方性,故而其登记和授权之间的区别并不像大型船舶那样显著;甚至在某些情况下,仅有授权制度发挥作用,而登记制度并未全面落实。

IUU 捕捞行为的赋权方案。另有 43％的成员国对传统的小规模渔业活动表示认可,并在管理条例中给予一定的豁免权。例如,根据《托雷斯海峡条约》(1985年)的规定,澳大利亚政府认可在托雷斯海峡保护区内的传统渔业活动,该保护区内捕捞海龟和儒艮的渔业活动通过社区管理计划进行管理,并由本地原住民游骑兵进行监督。

4

港口国措施失衡使 IUU 捕捞渔获进入全球市场,各国竭力补救

由于海上监管的实施成本过高,各国日益转向依靠港口国措施和成本较低的港口管制措施[1]打击 IUU 捕捞(Doulman 和 Swan, 2012[54];Kopela, 2016[55])。港口国措施的有效实施,能够防止 IUU 捕捞渔获进入市场,并通过提高不符合规定的船舶的运营成本,有效减少不断发生的非法捕捞活动的诱因(Liddick, 2014[5];Petrossian, Marteache 和 Viollaz, 2015[56])。当 IUU 船舶进入港口遭拒,或试图避免受到更频繁和有效的管制时,它们不得不增加燃料消耗、延长航行时间,继续寻找管制相对宽松的港口(即所谓的"便利港")来卸载 IUU 捕捞渔获(Le Gallic, 2008[57])。

为鼓励全球各地加强港口管制,2009 年,粮农组织通过了一项新的具有法律约束力的国际协定——《关于预防、制止和消除非法、不报告、不管制的捕鱼的港口国措施协定》(简称《港口国措施协定》)(FAO, 2009[15])。[2] 该协定于 2016 年生效,规定了一系列防止悬挂外国国旗的船舶在各港口卸载 IUU 捕捞

---

① "港口"包括离岸码头和其他登陆、转运、包装、加工、加油或再补给设施。

② 截至本书完成时,《港口国措施协定》已有 55 个缔约国(详情见:www. fao. org/port-state-measures/en/)。

渔获的最低通用标准 ①，其中包括：指定有能力的港口对悬挂外国国旗的船舶进行检查，船舶在进港前应事先申请入港许可，允许港口拒绝涉嫌 IUU 捕捞的船舶入港（包括拒绝此类船舶入港卸载或转运），建立船舶优先检查系统（基于风险管理），设定港口检查次数的指标。

《港口国措施协定》还鼓励港口国与包括他国政府部门、国际组织和区域性渔业管理组织等在内的所有利益相关方，在实施港口国措施问题上积极开展合作，加强信息交流，更好地协调合作，共同打击 IUU 捕捞。除了《港口国措施协定》中建议的措施外，区域性渔业管理组织采用的养护与管理措施中还规定了一系列港口国措施，旨在减少 IUU 捕捞（Flothmann 等，2010[58]）。

多数受调查的经合组织成员国都是《港口国措施协定》的缔约方。② 该协定促使各国极大完善其与港口国责任相关的各项措施。调查发现，2016 年，签署该协定的受调查的经合组织成员国中，有 87% 的国家制定了可供悬挂外国国旗的船舶使用的指定港口名单（2005 年为 27%），87% 的国家要求所有悬挂外国国旗的船舶入港需提前申请（2005 年为 53%），87% 的国家已采取措施拒绝涉嫌 IUU 捕捞行为的船只进入港口或获得服务（2005 年为 40%）（图 4.1）。此外，有 96% 的国家已指定一家权威机构作为港口国措施信息交流的协调中心（2005 年为 20%），83% 的国家反馈称，其已履行作为区域性渔业管理组织成员国所应承担的与港口国措施相关的责任（2005 年为 20%）。

然而，虽然目前进展良好，但差距仍然存在。值得注意的是，在接受调查的国家中，近 30% 的国家并未对入港船只实施全面的基于风险的管理，或并未规定港口检查的最低次数。

---

① 《港口国措施协定》第 3 条第 1 款规定："缔约各方作为港口国，应对未授权悬挂该国国旗并试图进入或已经停靠该国港口的船舶适用本协定，下列情况除外：(1) 为满足生计而从事手工捕鱼的邻国船舶，但前提是港口国和船旗国应合作确保此类船舶不会从事 IUU 捕捞行为或任何为配合 IUU 捕捞而进行的渔业相关活动；(2) 未装载鱼类的集装箱货轮，或只装载先前已捕获上岸的鱼类，前提是无明确理由怀疑此类船舶从事配合 IUU 捕捞行为相关的渔业活动。"（FAO, 2009[15]）

② 加拿大反馈了执行与《港口国措施协定》同等措施的情况。为了批准《港口国措施协定》，加拿大在国内法中引入同等措施（即引入具有相同目标的措施）。目前，加拿大已签署《港口国措施协定》，并正在采取必要步骤推动该协定的批准。

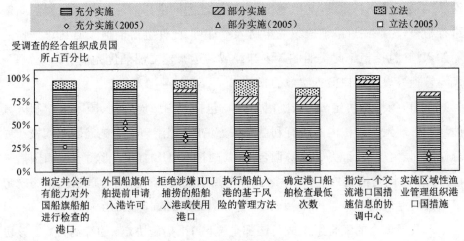

图 4.1　港口国措施的实施情况（2005 年与 2016 年）

来源：2017 年经合组织打击 IUU 捕捞措施数据库。

渔产品市场国:加强经济处罚措施, 遏制 IUU 捕捞

　　IUU 捕捞屡禁不止,很大程度上源于经营者以较低的资金风险获取高额的利润(Sumaila, Alder 和 Keith, 2006[59]; Schmidt, 2005[60])。因此,采取诸如降低 IUU 捕捞利润、加大资金风险等经济处罚措施,可以坚决遏制 IUU 捕捞。这些政策有效地补充并完善了第 2～4 节所述的打击 IUU 捕捞的传统措施。这些政策既可以从上游实施,即限制 IUU 捕捞船舶获得相关服务(例如:获得海上保险——文本框 5.1),还可以从下游控制,即关闭 IUU 渔获进入市场的渠道,特别是提高渔获在价值链上的可追溯性(见第 5.1 节)。此外,允许追踪 IUU 捕捞受益所有人的政策使得 IUU 捕捞经营者所面临的资金风险有所提高(见第 5.2 节),而限制 IUU 捕捞经营者获得政府支助,则会大大削减其可获得的利润(见第 5.3 节)。

文本框 5.1　限制获得海上保险:遏制 IUU 捕捞的途径之一

　　限制或取消参与或涉嫌参与 IUU 捕捞的船舶获得海上保险的机会,或能强有力地遏制船舶从事 IUU 捕捞(OECD, 2005[22])。由于海上保险成本高昂,使船舶获得海上保险受限或完全无法获得海上保险将增加船舶运营成本、加大资金风险,从而可能改变船舶的捕捞行为,转而遵守现有养护与管理措施。Miller 及其同事(2016[61])提出了一些切实可行的实施建议,包括:

　　• 对悬挂方便旗的船舶或过去因涉足 IUU 捕捞而受到处罚的船舶加征保险费率;

• 拒绝为 IUU 捕捞船舶（例如：被区域性渔业管理组织列入 IUU 捕捞名单的船舶）承保。

除了提高保险公司的意识外，各国还可以通过政府行动和适当修改国家法律法规推动采用上述建议，如强制保险公司查阅经官方核实的 IUU 船舶名单。

5.1 经合组织成员国为提高渔产品可追溯性做出了重大努力

借助渔获登记计划（Catch Documentation Scheme，CDS），相关部门能全程追踪渔获从捕捞到最终销售的流通动向，从而有效防止 IUU 捕捞渔获进入供应链（Bush 等，2017[62]）。由于非法捕捞渔获无法通过合法途径进入市场，因此在渔获登记计划约束下，IUU 捕捞渔获的利润空间被压缩，渔民为牟利从事 IUU 捕捞的积极性也将受到影响（Hosch，2016[63]）。此外，渔获登记计划还可以有效消除误报风险[①]，特别是将渔获登记计划与电子捕捞日志等现代技术的应用相结合，有助于降低后期伪造或篡改捕捞记录的风险（Visser 和 Hanich，2017[64]）。相关政府部门还可以汇编渔获登记计划所收集的信息，并将其用作针对 IUU 捕捞所产生的渔产品贸易的调查证据。2017 年 4 月 5 日发布的《渔获登记计划自愿准则》是指导渔获登记计划制订的宝贵参考文书。

在安全和社会责任方面，消费者对食品来源重要性的认识不断提高，为进一步遏制 IUU 捕捞提供了机会。经认证为可持续且来源合法的渔产品，其需求不断增长、产品获得溢价，大大提高了合法经营渔民的竞争力。因此，面向消费者宣传 IUU 捕捞对可持续发展的威胁，有助于进一步减少 IUU 捕捞（Petrossian，Weis 和 Pires，2015[65]）。

2005 年，只有 33% 的受调查的经合组织成员国反馈称，本国有针对贸易渔产品的多边渔获登记和认证系统，其中 60% 得以充分实施。至 2016 年，由于对渔产品可追溯性的要求不断提高，受调查的经合组织成员国开始普遍采取此类系统，其中 91% 的国家充分采取了上述措施（图 5.1）。

---

① 然而，在某些情况下，实施贸易措施和运用渔获登记计划只会引发全球层面 IUU 捕捞概况描述的变化。例如，金枪鱼渔业中的 IUU 捕捞由非法捕捞变为未报告或误报告捕捞（Hosch，2016[63]）。因此，在引入渔获登记计划时，必须考虑误报的潜在发生范围。

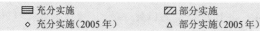

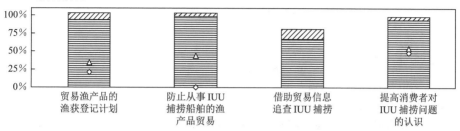

图 5.1　贸易措施的采取情况（2005 年与 2016 年）

注：利用贸易信息打击 IUU 捕捞的问题不属于 2005 年的调查范围。
来源：2017 年经合组织打击 IUU 捕捞措施数据库。

2005 年，防止购入或进口 IUU 捕捞渔获的措施仍处于初级阶段，仅有 43％的受调查成员国采取了部分措施。当前，这问题已有明显改善：至 2016 年，已有 96％的受调查成员国充分采取了此类措施。2008 年欧盟通过的《预防、制止和消除 IUU 捕捞条例》（文本框 5.2）以及美国制订的《海产品进口监测计划》（文本框 5.3）都是很好的例子。不过，即便是现在，在所有受调查的经合组织成员国中，仅有 65％的国家反馈称，已经建立了借助海关等权威部门提供的贸易信息打击价值链上 IUU 捕捞渔获流通的有效机制。

文本框 5.2　欧盟有关防止 IUU 捕捞渔获进入欧盟市场的制度

2008 年 9 月 29 日，欧洲理事会通过了第 1005/2008 号《预防、制止和消除 IUU 捕捞条例》。该条例于 2010 年 1 月 1 日正式生效。该条例介绍了打击 IUU 捕捞的两种主要手段。

首先是渔获认证计划，该计划要求所有与欧盟国家进行贸易的渔产品都必须附有一份由捕捞船舶的船旗国出具的渔获认证证书，以证明该产品的合法性。

其次是颜色编码预警计划，该计划规定：1）如果欧盟国家发现第三国在履行预防 IUU 捕捞的国际和区域规定过程中涉足 IUU 捕捞行为，应及时通知该第三国；2）对来自确定为不合作国家的渔产品实行贸易禁止。在执行该计划的过程中应遵循以下几个步骤：

· 如果发现第三国涉足 IUU 捕捞行为，欧盟委员会将向该国出示黄牌警告。该警告意味着，欧盟委员会将与其开展为期至少 6 个月的正式对话，在此期间，欧盟委员会将协助该国解决所发现的问题；

• 如果该国能及时完善其打击 IUU 捕捞的相关政策和实践,则可取消黄牌;如需更长的时间加以完善,则可以在原 6 个月的基础上延长期限;

• 如问题得不到解决,欧盟委员会将认定其为不合作国家,并给予红牌警告。一旦这一决定生效,所有悬挂该国国旗的渔船渔获均无法进入欧盟市场。

截至撰写本书时(2018 年 9 月),已有 3 个国家被认定为不合作国家,分别为柬埔寨、科摩罗以及圣文森特和格林纳丁斯。有 8 个国家或经济体已收到黄牌警告,并正在开展正式对话,它们分别为基里巴斯、利比里亚、塞拉利昂、圣基茨和尼维斯、泰国、特立尼达和多巴哥以及越南等。另有 3 个国家在实施必要的整改后从不合作国家名单上移除:其中,伯利兹于 2014 年从名单上移除,几内亚共和国和斯里兰卡于 2016 年移除;11 个国家在收到红牌警告前解除了黄牌警告,分别为库拉索、斐济、加纳、韩国、巴拿马、巴布亚新几内亚、多哥、菲律宾、所罗门群岛、图瓦卢以及瓦努阿图。

文本框 5.3 美国《海产品进口监测计划》的具体运作

自 2018 年 1 月 1 日起,美国实施的《海产品进口监测计划》规定了进口某些海产品的报告和记录保留要求,防止 IUU 捕捞渔获进入美国市场。该计划为一项基于风险的溯源计划,要求进口商报告海产品从捕获到进入市场的关键数据。涉及的重点物种(即定性为极易受到 IUU 捕捞和海产品欺诈影响的物种)包括:

• 鲍鱼(截至撰写本书时尚未实施《海产品进口监测计划》,从 2018 年 12 月 31 日起强制实施);

• 大西洋鳕鱼;

• (大西洋)蓝蟹;

• 鲯鳅;

• 石斑鱼;

• 帝王蟹;

• 太平洋鳕鱼;

• 红鲷鱼;

• 海参;

• 鲨鱼;

• 虾类(截至撰写本书时尚未实施《海产品进口监测计划》,从 2018 年 12 月 31 日起强制实施);

• 剑鱼;

• 金枪鱼(长鳍金枪鱼、大眼金枪鱼、黄鳍金枪鱼、蓝鳍金枪鱼)。

　　打击 IUU 捕捞的组织工作也取得了长足进展：2016 年，有 96% 的受调查的经合组织成员国反馈称，已开展一系列旨在提高公众对 IUU 捕捞认识的宣传活动，而这一数据在 2005 年仅为 53%。此外，一些国家（如冰岛、意大利以及荷兰）表示，本国将与该行业的代表定期举行利益相关方会议，同时组织各项宣传活动，大力推广来源合法的渔产品。在美国，国家海洋理事会 IUU 捕捞与海产品欺诈委员会开展了一系列有关 IUU 捕捞的公众宣传活动。多国政府还提倡自下而上的方法，鼓励经营者加强合作，检举揭发一切涉嫌 IUU 捕捞的渔业活动。例如，2013 年，哥伦比亚制定了一个简易程序，用于处理有关非法捕捞活动的投诉检举，渔民可以通过书面、直接电话或线上联系等方式进行投诉检举（OECD, 2016[66]）。

5.2　已取得进展，但借助金融法律法规打击 IUU 捕捞受益者的力度仍不足

　　金融监管极有可能对 IUU 捕捞的发展趋势产生影响（Le Gallic, 2008[57]；Stokke, 2009[67]；OECD, 2013[25]）。如果相关调查能追查到和 IUU 捕捞相关的金融犯罪的各个方面（例如：涉税犯罪、洗钱或腐败等犯罪行为），该调查或许能更有效地追查 IUU 捕捞的主要参与者（Griggs 和 Lugten, 2007[68]）。追查 IUU 捕捞所得资金，可以为执法部门打击 IUU 捕捞的幕后受益者及其犯罪网络提供重要证据（文本框 5.4）。这一方法在船舶悬挂方便旗的情况下尤其有效（Farabee, 2016[69]；Telesetsky, 2015[70]）。因此，将 IUU 捕捞视为洗钱的一种手段，对于处理涉嫌非法开采海洋资源的多企业结构至关重要。不过，解决这一问题的主要阻碍在于，绝大多数 IUU 捕捞的利益是通过所谓"避税天堂"的国家流入金融市场的，因而难以追踪（Galaz 等，2018[8]）。因此，各国为取缔"避税天堂"、提高金融交易透明度做出的总体努力①（OECD, 2014[71]）与有效打击 IUU 捕捞密切相关。

---

① 鉴于金融透明度在打击腐败方面的重要性，近期，二十国集团（G20）将法人和法律安排的受益所有权透明度问题定为行动计划的重中之重。在此之前，八国集团（G8）于 2013 年通过了《受益所有权原则》（Transparency International, 2014[125]）。

将严重的 IUU 捕捞违法行为纳入反洗钱相关法律法规的情形仍然十分少见。虽然所有受调查的经合组织成员国均制定了防止洗钱的法律法规（原则上涵盖 IUU 捕捞收益）[①]，但其中仅有 26％的国家反馈称已有明确将 IUU 捕捞定为洗钱上游犯罪的法律法规。考虑到 2005 年仅挪威一国反馈称有此类预防手段，因此，目前这样的进展已实属显著了。

文本框 5.4　受益所有权的透明度指标

各国在采取措施确保及时获得有关受益所有人的准确信息方面仍面临着严峻的挑战。这一点在渔业领域显得尤为突出，因为要获得渔业领域受益所有人的准确信息，往往涉及跨越多个管辖区的法人和法律安排（OECD，2013[25]；FATF，2012[72]）。

金融行动特别工作组（Financial Action Task Force，FATF）是一个政府间机构，负责查明国家层面存在的可能导致滥用国际金融体系的薄弱环节。金融行动特别工作组制定的透明度标准旨在防止滥用企业工具，这些企业工具包括公司、信托、基金会、合作企业以及其他类型的法人和法律安排等。其中，一个关键因素是要确保权威机构能及时获得法定所有人和受益所有人的相关信息、企业工具资产来源及其活动的信息。

因此，针对与受益所有人信息透明度相关的打击 IUU 捕捞举措，金融行动特别工作组提出了两条重要建议并制定了相关的行动指南（FATF/OECD，2014[73]）：

• 建议 24：法人的透明度和受益所有权；
• 建议 25：法律安排的透明度和受益所有权。

如图 5.2 所示，在经合组织各成员国中，仅有少数国家遵循了金融行动特别工作组关于提高受益所有权透明度的建议。

[①] 例如，2015 年 5 月 20 日欧洲议会与欧洲理事会通过的第 2015/849 号条例，2009 年新西兰通过的《反洗钱/反恐怖融资法案（2009）》，2007 年日本通过的《防止犯罪收益转移法》。

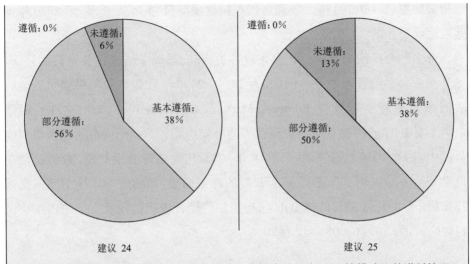

图 5.2　经合组织成员国对金融行动特别工作组有关打击 IUU 捕捞建议的遵循情况

注：该结果是在对 2012 年金融行动特别工作组的建议进行评估的基础上，采用 2013 年金融行动特别工作组评估方法得出的（FATF，2013[74]）。该金融行动特别工作组的建议遵循情况是基于有限的经合组织成员国（16 个国家）数据得出的。

来源：金融行动特别工作组（2018[75]）。

5.3　各国日益收紧无违规记录从业者的补贴措施

对渔船队的各项补贴降低了船舶建造成本，也让非法渔民得以购买到廉价船只，这在一定程度上助长了 IUU 捕捞（Liddick，2014[5]）。对捕捞作业的其他形式的补贴，以燃料补贴为例，在降低捕捞成本的同时，也加速了渔业资源的过度开发（Pauly 等，2002[76]；Sala 等，2018[77]；OECD，2017[78]），使得渔民面临的竞争愈加激烈，渔民冒险从事非法捕捞行为的可能性也愈大。而补贴资格不公开透明，则会加剧补贴的滥分配（Price，2005[79]）。因此，加强渔业补贴资格审查，特别是对申请人无违规记录的审查，有助于政府在防止间接助长 IUU 捕捞的前提下制定相关政策支持渔业实现各项目标。

当前，消除助长 IUU 捕捞的各项补贴，已成为全球对话的一部分（United Nations，2015[80]）。世界贸易组织持续就有效规范那些助长 IUU 捕捞、捕捞能力过剩和过度捕捞的渔业补贴进行谈判，目标是能在 2020 年部长级会议上通过相关协定（WTO,2018[14]）。联合国可持续发展目标 14.6 要求,至 2020 年彻底取消此类补贴(文本框 1.2)。

　　许多经合组织成员国已积极采取各类行动,限制非法渔民获得此类补助,提升渔业补贴的管理水平。例如,为 2014—2020 年欧盟渔业项目提供资金的欧洲海事和渔业基金会(European Maritime and Fisheries Fund, EMFF),明确取消了有 IUU 捕捞记录的渔业经营者的补贴申请。[①] 在受调查的经合组织成员国中,约有 95% 的国家表示,2016 年,本国相关法律法规规定,有关部门在批准资金补贴时可审查船舶和运营商的违规历史,而 2005 年,这一比例仅为 27%(图 5.3)。限制对涉嫌 IUU 捕捞犯罪的经营者提供政府支持的国家比例相对略低,为 80%(2005 年仅为 20%)。

---

① 欧盟第 508/2014 号条例(EU)第 10 条:申请受理标准:"1. 在本条第 4 款所规定的时间内,如果主管当局确定相关经营者存在以下行为,则其提交的欧洲海事和渔业基金会支持申请不予受理:(一)严重违反欧洲理事会第 1005/2008(21)号条例(EC)第 42 条或第 1224/2009 号条例(EC)第 90(1)条的规定;(二)参与运营、管理或拥有欧洲理事会第 1005/2008 号法规(EC)第 40(3)条规定的欧盟 IUU 船舶清单所列的渔船,或参与运营、管理或拥有悬挂该条例第 33 条所述不合作第三国旗帜的船舶;(三)严重违反欧洲议会和欧洲理事会通过的其他立法中确定的共同渔业政策相关规则;(四)发生欧洲议会和欧洲理事会(22)第 2008/99/EC 号指令第 3 条和第 4 条所述犯罪行为,且根据本条例第五篇第二章申请支持。2. 受益人在提交申请书后,应在整个经营期内以及在该受益人收到最后付款的五年内,继续遵守第 1 款(一)至(四)项所述的条件。3. 根据本条第 4 款的规定,在申请欧洲渔业基金或欧洲海事和渔业基金会支持时,如果主管当局认定经营者发生《保护欧洲共同体金融利益公约》(23)第 1 条所述欺诈行为,则该经营者提交的申请在一定时间内不予受理。"

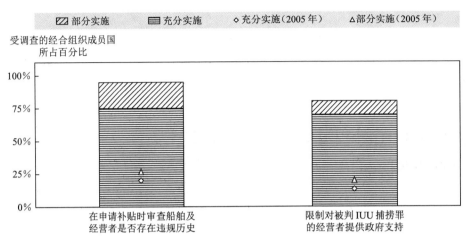

图 5.3　改善渔业支持管理政策的实施情况（2005 年与 2016 年）

来源：2017 年经合组织打击 IUU 捕捞措施数据库。

6

供各国选择的更多样化的执法
措施组合

执法是指国家及有关主管部门针对违法违规分子采取的一系列程序和行动,目的是规劝他们迷途知返,或对其实施处罚。过去数十年,国际社会已通过多项承诺加强合作,提高渔业法律法规执法的有效性(文本框 6.1)。不过,如何确保相关法律法规得到严格遵守仍是一项重大挑战。

落实强有力的渔业法律法规之所以困难重重,部分原因在于对监测、控制和监督制度的投入跟不上船队运载和捕捞能力的发展。各国对船舶的监管力度不足,始终被视为滋生 IUU 捕捞的主要原因之一(Kao, 2015[34];Erceg, 2006[33];Englender 等, 2014[31];Churchill, 2012[32])。相关政府部门若要对海洋资源进行管理,需利用监测、控制和监督制度工具,生成关于捕捞活动的有效数据,对 IUU 捕捞做出可靠的预测(Song, Johnsen 和 Morrison, 2018[81])。为了更好地理解这些困难,下文将探讨现代技术在监测、控制和监督制度执行中的应用(见第 6.1 节)以及加强各部门沟通对提高监测、控制和监督制度效率的重要意义(见第 6.2 节)。

通过对非法捕捞判处罚金,国家所制定的处罚机制能够有效打击非法捕捞及捕捞相关的各项活动。不过,IUU 捕捞作为潜在的"暴利行业",如果处罚力度太轻,处罚本身不仅会失去威慑作用,而且还会被 IUU 捕捞者视为一笔必要的成本支出(Beke, Ackermann 和 Blomeyer, 2014[82];NOAA, 2015[83];

Beddington, Agnew 和 Clark, 2007[84])。[1] 此外，如果处罚制度存在界定不清或实施不统一的问题，将会导致不平等，并为腐败的滋生创造条件(Putt 和 Nelson, 2009[85])。第 6.3 节将探讨制定有效处罚制度的最佳实践。

文本框 6.1　承诺根据重要国际协定对渔船进行有效监督

1982 年《联合国海洋法公约》(第 94.1 条)："每个国家应对悬挂该国旗帜的船舶有效地行使行政、技术及社会事项上的管辖和控制。"

1993 年粮农组织《遵守措施协定》(第 3.1a 条)："各缔约方应采取此类必要措施，确保有权悬挂其国旗的渔船不从事任何损害国际养护与管理措施效力的活动。"

1995 年《联合国鱼类种群协定》(第 18.1 条)："船旗国应当对其所属船舶在公海捕鱼的行为采取此类必要措施，确保悬挂其国旗的船舶遵守次区域和区域养护与管理措施，并确保这些船舶不从事任何损害这类措施效力的活动。"

1995 年《联合国鱼类种群协定》(第 19.1 条)："一国应当确保悬挂其国旗的船舶遵守关于跨界鱼类和高度洄游鱼类种群的次区域和区域养护与管理措施。"

1995 年粮农组织《负责任渔业行为守则》(第 8.1.1 条)："各国应当确保在其管辖的水域内的捕捞作业都经其批准并确保这些作业以负责任的方式进行。"

1995 年粮农组织《负责任渔业行为守则》(第 8.2.7 条)："船旗国应当对有权悬挂其国旗而被他们发现违反适用的养护与管理措施的渔船采取执法措施，包括在必要时把违反这类措施的行为视为触犯国家法律。对这类违法行为的制裁的严厉程度应当足以保证规定得到遵循、阻止发生任何违法行为、使违法者无法得到其违法活动所产生的利益。对严重违法行为的这类制裁可以包括拒绝发放、中止或收回捕捞证书的规定。"

2001 年《关于预防、制止和消除非法、不报告和不管制的捕捞的国际行动计划》(第 24 条)："各国应当全面和有效地监测、控制和监督捕捞活动，从此类活动的开始、上岸点直到最终目的地 [……]。"

2009 年《港口国措施协定》(第 24.1 条)："缔约方应在粮农组织及其相关机构的框架内，确保定期、系统地监测和审查本协定的实施情况，并评估在实现其目标方面取得的进展。"

2014 年粮农组织《船旗国表现自愿准则》(第 31 条)："船旗国对悬挂其旗帜的船舶实施监管机制 [……]。"

---

[1]《了解渔业相关贸易谈判：渔业支持政策的相对影响》(OECD, 2018[127])也对这一影响进行了讨论。

6.1 现代技术日益成为减轻船舶监管压力的重要手段

为消除 IUU 捕捞,国家要实施有效的管控,这就需要建立一套充足的监测、控制和监督制度工具,并将其部署在从海上(见第 2 节和第 3 节)、港口(见第 4 节)到市场(见第 5 节)的整条价值链上,与法律法规框架双管齐下,充分落实各国作为船旗国、港口国、市场国所制定的各项政策。

海上监管措施包括派遣观察员、由政府部门雇用独立专家监控渔船活动,或使用电子设备追查渔船的行动轨迹,例如,使用船舶监控系统。从传统意义上来说,观察员制度在监测、控制和监督渔船方面扮演着举足轻重的角色;但现在,现代技术作为一种全新的执法方式(文本框 6.2),也越来越为各国所接受。这些现代技术工具可用于监控捕捞活动,追查违反禁渔区规定的违法行为,如渔船出现在海洋保护区(Marine Protected Area, MPA),或渔船违反禁渔期的临时规定。此外,对上岸渔获的数量与品种的规定由渔获登记计划并辅以记录捕捞细节的捕捞日志佐证来执行。沿价值链交叉核验贸易证书也是防止非法捕捞渔获流入市场的常见举措。

由于捕捞行为的内容多种多样,因此监测、控制和监督制度的执行难度极高(Doumbouya 等,2017[86];Erceg,2006[33])——捕捞作业涉及使用各种渔具和专业设备(如使用人工集鱼装置或声学探鱼器等探测鱼群),复杂的海上转运作业采取多种渔获卸货运载手段,而且渔产品流入市场的渠道不同,有的是在国内港口卸货,而有的则是从不同出口国、不同形式进口而来(如以混装货物形式[1])。因此,为了更好地明确执法工作的优先事项和更好地分配执法力量,制定合理有效的基于风险管理的流程就显得尤为重要[2](Hilborn 等,2001[87])。此外,监测、控制和监督数据对基于风险管理的措施的顺利实施具有重要作用,因为这些数据能够帮助相关部门分析捕捞模式与监测可疑捕捞活动。

监测、控制和监督制度要想成功投入使用,还需要有专业人员负责协调、维护和定期更新制度。同时,有关部门需要与渔业开展合作,定期与用户协商,

---

[1] 船运货物由两种或两种以上按不同关税分类的不同类型货物组成。

[2] 在这种情况下,基于风险管理旨在评估特定执法部门管辖区域范畴内每项活动(例如捕捞、转运、上岸或贸易)涉嫌非法的可能性,从而在执法资源有限时有执法重点。

优化监测、控制和监督制度的功能,提升用户使用友好度。

2016年,绝大多数受调查的经合组织成员国均反馈称,已采用渔获登记计划、船舶监控系统和自动识别系统(Automatic Identification System,AIS)工具,并采取贸易认证的交叉核验措施(图6.1)。目前,越来越多的国家开始采用电子捕捞日志作为监管工具,而观察员计划普及度较低(65%)。有96%的国家正在持续开发监测、控制和监督数据存储系统,且有87%的国家反馈了基于风险管理的制度在本国的应用。83%的受调查成员国反馈了本国在监测、控制和监督捕捞相关活动方面的情况,根据反馈信息可以看出,转运监管仍然有待完善。在其他提高监测、控制和监督制度实施效果的实践中,有87%的国家反馈称已经建立起执行监测、控制和监督制度的专业人才培训体系;有70%的国家表示已采取业内联手共同参与的方式。所有受调查的经合组织成员国均反馈称,已成立负责实时监控悬挂本国船旗渔船的渔业监控中心,其监控范围包括本国专属经济区以及国家管辖范围外区域。

文本框6.2　现代技术在海上监控中的运用

全球大规模海洋保护区的出现意味着落实海上渔业法律法规正面临着愈加严峻的挑战(McCauley,2014[88])。而下一代执法方式的发展,如无人机巡逻、船载摄像头使用和实时卫星监测,有助于保证消费者餐桌上的野生渔产品来源于合法捕捞(Toonen和Bush,2018[89];De Souza等,2016[90])。

自动识别系统和船舶监控系统

2000年,国际海事组织采用的自动识别系统是保证航行安全和防止船舶碰撞的有效工具。载有自动识别系统转发器的船舶能够广播其身份、位置和航向等信息,方便沿海监视和交通管理。最初,只有在国际航行中超过300总吨位的所有船舶以及超过500总吨位的货船、油轮和客船需要安装自动识别系统。而现在,出于保险、方便、安全和保障等原因,该装置的使用越来越广泛(Robards等,2016[91])。尽管自动识别系统开发的初衷并非为了监测IUU捕捞,但它生成的船舶实时位置数据流确实能很好地反映船舶的日常运作情况。基于机器学习开发的算法,可以评估自动识别系统生成的数据,以追查潜在的违法行为,有助于监测IUU捕捞行为。此外,自动识别系统数据不受保密性约束,可以从数据供应商处购买。2014年,Google、Skytruth和Oceana创立的全球渔业观察项目(http://globalfishingwatch.org/)均采用了这种方法。该平台于2016年推出,通过开放的互动地图公开商业渔船队的位置和行为,有效提高了渔业行业的透明度。

将自动识别系统用于商业渔业,可以让监管部门得以跟踪渔船的活动。该系统和相关设备的功能根据船舶作业区域内有关捕捞法律法规所规定的要求而不同。这些系统受所在区域或国家管理,获取数据受到限制。不过,一些国家开始选择让这些自动识别系统数据更透明。2017 年,印度尼西亚和秘鲁决定在全球渔业观察地图上公开提供本国渔船的专有信息。

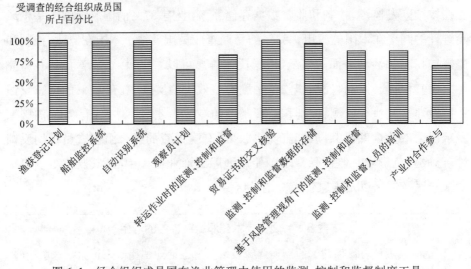

图 6.1   经合组织成员国在渔业管理中使用的监测、控制和监督制度工具

来源:2017 年经合组织打击 IUU 捕捞措施数据库。

6.2   政府间合作推动对 IUU 捕捞的起诉

在国家层面,各国渔业部门通常要依赖港口、税务、海关、海岸警卫队、贸易和警察局等部门以及其他执法部门的合作。各部门在跨部门承担责任方面有一系列组织模式,每种模式都有不同的特点。有 70% 的受调查的经合组织成员国表示,其部门间工作小组正在有效运作,专门负责追查 IUU 捕捞保护伞下的违法行为。以挪威的合作机制为例,挪威成立部门间工作小组打击有组织的渔业犯罪和 IUU 捕捞(文本框 6.3)体现了跨部门合作的优势。

文本框6.3　挪威部门间工作小组打击有组织的渔业犯罪和 IUU 捕捞:
基于价值链的方法

建立部门间合作组织

　　挪威前渔业部长 Helga Pedersen 首先倡议建立挪威工作小组打击有组织的渔业犯罪和 IUU 捕捞。该倡议获得挪威国防部长、财政部长、司法部长和外交部长的一致同意。此外,各部长就咨询小组的人员构成也达成了一致意见。该小组最初作为一个临时项目,始建于 2009 年,旨在促进各部门之间的密切合作,并就 IUU 捕捞和有组织的渔业犯罪做出最新的跨部门分析。经过内部评估,该小组于 2014 年成为挪威贸易、工业和渔业部常设机构。该倡议不需要修改法律或修改参与部门的章程或任务,但确实要求部门内部和部门之间进行协调以便更好地开展合作。(图 6.2)

　　该工作小组的主要任务是追查整条渔业价值链上的犯罪行为,包括非法捕捞、腐败、税务与海关欺诈、洗钱、贪污、文件欺诈和人口贩卖等。监测、控制和监督制度执行部门已经发现,要想查明此类犯罪,需要充分地利用跨部门分析。该分析聚焦于犯罪行为实施者、公司结构、资金流动和商品贸易,以此全面呈现渔业发生的犯罪行为。

　　"IUU 捕捞"指破坏渔业管理与养护措施的行为。这种行为可能但不一定是犯罪行为。"渔业犯罪"一词使用更为广泛,指整个渔业价值链中的行为体所犯罪行。挪威得出的经验是,"渔业犯罪"更容易促进执法部门之间的合作。

机构设置

　　工作小组秘书处负责协调国内部门间合作及跟进打击渔业犯罪进程中的国际合作相关事宜。秘书处负责收集有关资料,把资料分发给指导小组和联络小组,并协调各小组之间的合作。各部委的项目负责人领导秘书处,并负责向指导小组报告。

　　指导小组由劳动和社会事务部,财政部,国防部,外交部,渔业管理局,司法部,贸易、工业和渔业部以及检察长组成。指导小组负责审批工作小组的年度工作计划,并就其工作做出必要说明。指导小组根据需要开会。

　　此外,渔业管理局、警察局、税务局、海关局、海岸警卫队和海岸管理局共同建立了一个由相关执行部门组成的国家分析网络。各执行部门共同组建了一个联络小组,该小组由渔业局领导。联络小组每年大约举行五次会议,并执行以下任务:

　　• 促进整条价值链上针对潜在渔业犯罪案件的跨部门合作;

　　• 评估工作小组各部门(其他方在与之相关时将被邀请参与)开展的政府间合作,并提出建议;

　　• 向指导小组报告正在处理或刚刚发起的各部门间合作事项和其他具体事项。

　　联络小组下设两个工作组:一是由税务局领导的预防犯罪小组,二是由挪威分析团队领导的跟踪小组。

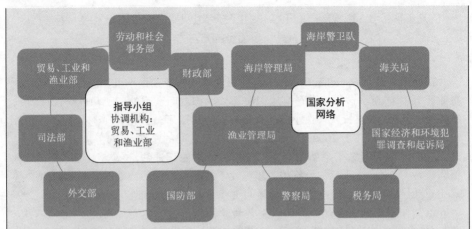

图 6.2 挪威打击有组织的渔业犯罪和 IUU 捕捞的部门间工作小组的机构设置

部门间合作的关键程序

部门间工作小组本身不开展行动,而是致力于加强不同部门之间的合作与协调。例如,工作小组举办了两次研讨会,方便各部门在研讨会上齐心协力处理渔业犯罪案件。这些行动有助于确定相互合作和信息共享的领域,改善各部门之间的协调情况。各部门已通过立法为信息交流与合作制定了指导方针。自成立以来,工作小组各机构从其他政府部门获得了比以往更多的直接信息,许多信息在各部门之间自动共享,不过有些信息仍然只能在怀疑有犯罪活动时通过申请才能获取。

合作中的实际困难

部门间工作小组自一开始就考虑过重复工作内容的风险,并且已经调整其任务,以避免与其他部门间小组、现有机构或分析网络的工作内容发生重复或冲突。例如,在对工作小组进行第一次审查之后,决定进一步明确协调机构和业务机构之间的分工。工作小组还确定了一些有关隐私和数据保护的法律法规,这些法律法规一定程度上影响了信息共享和部门间合作。

部门间合作的优势和成果

沿价值链追查渔产品,并从每个监控点收集数据——船舶和渔具的融资和采购,获得捕捞许可,登记和提供有关捕捞的信息,渔获数量,分销和销售数据——不仅有助于更好地分析和收集情报与证据,而且能够进一步调动警方在处理渔业犯罪方面的积极性。国内外各部门均加强了对这一问题的意识和认识,其分析能力、使用监测工具的能力、部门间的合作和协调机制以及信息共享机制都有所改善。

如果各部门之间能保持良好的沟通,不仅能有效避免重复工作,提高执行能力,而且还有助于降低各部门打击 IUU 捕捞所需的总成本。由于渔业管理部门的授权范围往往相对有限,其他相关的政府行政部门,特别是海关和税务部门,如果可以一同参与,可以加强对非法贸易和 IUU 捕捞受益人的追查,有助于揭露逃税的规模,加快对非法行为的起诉(Liddick,2014[5])。

必须要通过合法途径来实现部门间的信息共享,同时确保信息的保密性和工作的诚信性。2016 年,所有受调查的经合组织成员国的渔业部门均致力于监测 IUU 捕捞,但各国在实现政府部门间的有效沟通与兼容性信息的交换方面仍进展缓慢:有 87% 的受调查成员国反馈称正与海关开展信息交换合作,而与税务部门开展合作的国家比例仅为 26%(图 6.3)。

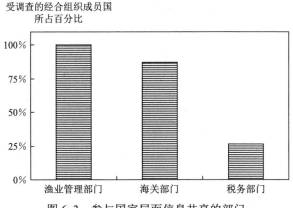

图 6.3　参与国家层面信息共享的部门

来源:2017 年经合组织打击 IUU 捕捞措施数据库。

6.3　与 IUU 捕捞潜在暴利相比,IUU 捕捞罚金相对较低

虽然粮农组织在《关于预防、制止和消除 IUU 捕捞的国际行动计划》中敦促各国要采取足够严厉的处罚措施,但与 IUU 捕捞渔获的暴利相比,2005 年各国对 IUU 捕捞所处的罚金实在是太少了,不能起到威慑作用(OECD,2005[22];Sumaila,Alder 和 Keith,2006[59])。尽管有呼声要求对捕捞者实施更严厉的处罚(如欧盟在 2017 年马耳他组织的"我们的海洋大会"上的倡议),但这在渔业监管改革中并没有立即体现出来(Druel 和 Polti,2017[92])。事实上,在世界许多地区,很多渔获品种售价极高,甚至令大批 IUU 捕捞者不惜为此铤而走险,全然不顾被发现和罚款的危险,哪怕参与 IUU 捕捞的船舶通常会因此付出额外的代价,例如为避免被捕而付出的费用(包括贿赂官员等),以及被捕或被发

现(如被列入 IUU 捕捞渔船名单)而付出的声誉成本(Clarke, Milner-Gulland 和 Bjørndal, 2007[93]; Polacheck, 2012[94]; Purcell 等, 2013[95]; Valenzuela-Quiñonez 等, 2015[96])。表 6.1 列出了一些因非法捕捞而受到威胁的高价值渔获品种的价格,而在普通渔业中也存在许多违法行为(Druel 和 Polti, 2017[92])。

表 6.1 IUU 捕捞渔获品种的价格

物种	价格 [美元/千克]	来源
蓝旗金枪鱼	高达 790	(Kurtenbach, 2018[97])
鱼翅	100(最高 650)	(Havocscope, 2011[98]; Shark Truth, 2018[99])
石首鱼鱼鳔	20 000	(Carrington, 2017[100])
鲍鱼(濒危黑白鲍鱼)	50～100	(Havocscope, 2012[101]; Armstrong, 2016[102])
天然黑珊瑚	350	(United States Department of Justice, 2011[103])
海参	435～1 000	(China Daily, 2016[104])

注:此价格旨在显示 IUU 捕捞可以达到的潜在收入程度,但并非详尽无遗。

所有受调查的经合组织成员国均反馈称,本国法律法规框架涵盖了对 IUU 捕捞的处罚,并且其中 83% 的国家认同,不论渔船悬挂的是哪国国旗,只要是从事 IUU 捕捞,相关渔民就应该受到法律法规的处罚。这里的处罚包括罚款、没收(船舶、渔具和其他设备或渔获)、(临时和永久性)撤销捕捞许可、偿还资金补助以及监禁。然而,目前有关起诉的具体数据仍较为零散,无法评估风险 - 效益比是否有利于政府部门。为了提高透明度和增加声誉成本,有 78% 的受调查成员国反馈称,已建立了从事 IUU 捕捞的船舶清单制度,并已在全国范围内广泛传达。

多边合作和协调行动正在成为打击 IUU 捕捞的常规举措

在各国积极打击 IUU 捕捞的同时，IUU 捕捞从事者也在不断调整和适应动态的经济因素和监管环境——他们会在不同的管辖区域间快速流窜，利用有关法律法规和执法系统存在的任何弱点和漏洞想方设法地牟利。因此，加强区域间合作对于打击 IUU 捕捞、在全球范围内实现养护与管理目标至关重要（Ardron 等，2014[105]）。然而，国内渔业部门和负责渔业管理的国际机构（如区域性渔业管理组织）往往单独行动，其管理职责范围受限于各自的管辖区或管理领域。这种相对的单独行动，反过来，又会成为收集数据，开展监测、控制和监督行动，实施处罚措施的"拦路虎"（Gilman 和 Kingma，2013[106]）——特别是当某国对 IUU 捕捞相关违法问题日益重视时，原本悬挂该国船旗的船舶很可能会中途换旗，以逃避相关审查和监管（NAFIG 和 INTERPOL，2017[26]；Liddick，2014[5]）。

因此，加强国家之间、国家与区域性渔业组织管理或其他国际组织之间的合作，对打击经营者为利益目的从事 IUU 捕捞的积极性，提高全球沿价值链开展的监管和制裁效率具有重要意义，这些国际组织包括国际刑事警察组织或旨在遏制 IUU 捕捞且运作良好的国际机构等等。下节将评估受调查国家在信息共享和开展监测、控制和监督合作方面取得的进展（见第 7.1 节）。

7.1 支持多边协调与合作的规定，各国在行动

2005 年，经合组织关于盗渔行为的报告中强调了加强监测、控制和监督以及执法领域的跨国协调与合作的重要性（OECD，2005[22]）。随着渔业管理和打击 IUU 捕捞成为国际议程上的重中之重，尤其是在可持续发展目标 14 提出的背景下，各国与他国以及区域性渔业管理组织合作打击 IUU 捕捞的意愿大幅提升（图 7.1）。2016 年，受调查的经合组织成员国中，有 96% 的国家反馈称，已建立起指定渠道与区域性渔业管理组织交换关于涉嫌 IUU 捕捞的船东、经营者和船员的信息，而这一比例在 2005 年的调查中仅为 21%。目前，越来越多的国家已经在区域或国际层面采用信息共享的标准，这说明各国的合作意愿正在加强。在 2016 年的调查中，有 87% 的国家反馈称已实施了此类信息共享的标准，该数据相比 2005 年的 43% 有了明显的提升；有 91% 的国家反馈称已建立起关于监测、控制和监督领域的合作系统并已开展打击涉嫌 IUU 捕捞的联合行动，该数据相比 2005 年的 33% 也有大幅提升。调查显示，有 87% 的受调查的经合组织成员国参与了旨在打击 IUU 捕捞的区域工作组或工作队。

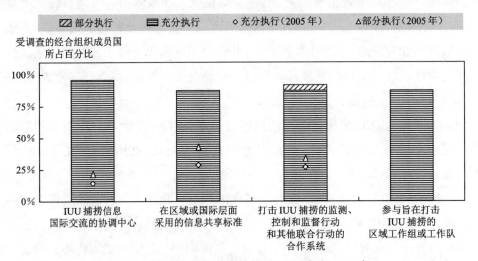

图 7.1 国际合作措施的实施情况（2005 年与 2016 年）

注：未收集到 2005 年参加打击 IUU 捕捞的区域性工作组或工作队的数据。

来源：2017 年经合组织打击 IUU 捕捞措施数据库。

参考文献

Agnew, D. et al. (2009), "Estimating the worldwide extent of illegal fishing", *PLoS ONE*, Vol. 4/2, p.4570, http://dx.doi.org/10.1371/journal. pone.0004570. [9]

Ardron, J. et al. (2014), "The sustainable use and conservation of biodiversity in ABNJ: What can be achieved using existing international agreements?", *Marine Policy*, Vol. 49, pp.98-108, http://dx.doi. org/10.1016/j.marpol.2014.02.011. [105]

Armstrong, J. (2016), "Richmond fish broker fined $77,500 for selling endangered abalone", *CBC*, https://www.cbc.ca/news/canada/british-columbia/abalone-endangered-fishery-illegal-sale-1.3743687. [102]

Arnason, R., R. Hannesson and W. Schrank (2000), "Costs of fisheries management: the cases of Iceland, Norway and Newfoundland", *Marine Policy*, Vol. 24, pp.233-243, https://doi.org/10.1016/S0308-597X(99)00029-9. [48]

Beddington, J., D. Agnew and C. Clark (2007), "Current problems in the management of marine fisheries", *Science*, Vol. 316/5832, pp.1713-1716, http://dx.doi.org/10.1126/science.1137362. [84]

Beke, M., R. Ackermann and R. Blomeyer (2014), *The Common Fisheries Policy - Infringement Procedures and Imposed Sanctions throughout the EU*, Committee on Fisheries, European Parliament. [82]

Bennett, N., H. Govan and T. Satterfield (2015), "Ocean grabbing", *Marine Policy*, Vol. 57, pp.61-68, http://dx.doi.org/10.1016/j.marpol.2015.03.026. [7]

Berkes, F. et al. (2006), "Globalization, roving bandits, and marine resources", *Science*, Vol. 311/5767, pp.1557-1558, http://dx.doi.org/10.1126/science.1122804. [4]

Birnie, P. (1993), "Reflagging of fishing vessels on the high seas", *Review of European Community & International Environmental Law*, Vol. 2/3, pp.270-276, http://dx.doi.org/10.1111/j.1467-9388.1993.tb00123.x. [27]

Bush, S. et al. (2017), "Private provision of public information in tuna fisheries", *Marine Policy*, Vol. 77, pp.130-135, https://doi.org/10.1016/j.marpol.2016.12.019. [62]

Cabral, R. et al. (2018), "Rapid and lasting gains from solving illegal fishing", *Nature Ecology & Evolution*, Vol. 2, pp.650-658, http://dx.doi.org/10.1038/s41559-018-0499-1. [12]

Cacaud, P., M. Kuruc and M. Spreij (2003), "Administrative sanctions in fisheries law"*, FAO Legislative Studies*, No. 82, FAO Legal Office, Food and Agricultural Organization of the United Nations, Rome. [119]

Carrington, D. (2017), "Chinese appetite for totoaba fish bladder kills off rare porpoise", *The Guardian*, https://www.theguardian.com/environment/2017/may/16/chinese-appetite-totoaba-fish-bladder-threatens-rare-vaquita. [100]

Cavalcanti, C. and A. Leibbrandt (2017), "Impulsivity, voluntary cooperation, and denunciation among fishermen"*, Department of Economics Disccussion Paper*, No. 10/17, Monash Business School. [47]

China Daily (2016), "Sea Cucumbers slither into US market", *China Daily*, http://www.chinadaily.com.cn/world/2016-03/02/content_23706803.htm. [104]

Churchill, R. (2012), "The persisting problem of non-compliance with the Law of the Sea Convention: Disorder in the oceans", *International Journal of Marine and Coastal Law*, Vol. 27/4, pp.813-820, https://doi.org/10.1163/15718085-12341254. [32]

Clarke, S., E. Milner-Gulland and T. Bjørndal (2007), "Social, economic, and regulatory drivers of the shark fin trade", *Marine Resource Economics*, Vol. 22/3, pp.305-327, https://doi.org/10.1086/mre.22.3.42629561.   [93]

De Souza, E. et al. (2016), "Improving fishing pattern detection from satellite AIS using data mining and machine learning", *PLoS ONE*, Vol. 11/7, p.e0158248, http://dx.doi.org/10.1371/journal.pone.0158248.   [90]

Doulman, D. and J. Swan (2012), "A guide to the background and implementation of the 2009 FAO Agreement on Port State Measures to Prevent, Deter and Eliminate Illegal, Unreported and Unregulated Fishing"*, FAO Fisheries and Aquaculture Circular*, No. 1074, Food and Agriculture Organization of the United Nations, Rome.   [54]

Doumbouya, A. et al. (2017), "Assessing the effectiveness of monitoring control and surveillance of illegal fishing: The case of West Africa", *Frontiers in Marine Science*, http://dx.doi.org/10.3389/fmars.2017.00050.   [86]

Druel, E. and S. Polti (2017), *Slipping Through the Net-The Control and Enforcement of Fisheries in France, Ireland, the Netherlands, Poland, Spain and the UK (England)*, ClientEarth.   [92]

EJF (2015), *Thailand's Seafood Slaves: Human Trafficking, Slavery and Murder in Kantang's Fishing Industry*, Environmental Justice Foundation, London.   [42]

EJF (2013), *Bringing Fishing Vessels out of the Shadows: The Urgent Need for a Global Record of Fishing Vessels and the Use of an Unique Vessel Identifier*, Environmental Justice Foundation.   [35]

EJF; OCEANA; Pew Charitable Trusts; WWF (2016), *European Vessels* [110]
Fishing Under the Radar: The Need to Regulate Private and Chartering
Agreements for Access to External Waters, Environmental Justice
Foundation, Oceana, The Pew Charitable Trusts and WWF, http://
www.whofishesfar.org/files/Private.Agreements.ENG.1DEC.high.pdf
(accessed on 31 July 2018).

Englender, D. et al. (2014), "Cooperation and compliance control in areas [31]
beyond national jurisdiction", *Marine Policy*, Vol. 49, pp.186-194,
https://doi.org/10.1016/j.marpol.2013.11.022.

Erceg, D. (2006), "Deterring IUU fishing through state control over [33]
nationals", *Marine Policy*, Vol. 30/2, pp.173-179, http://dx.doi.
org/10.1016/j.marpol.2004.11.004.

Erikstein, K. and J. Swan (2014), "Voluntary guidelines for flag state [30]
performance: A new tool to conquer IUU fishing", *The International*
Journal of Marine and Coastal Law, Vol. 29/1, pp.116-147, http://dx.doi.
org/10.1163/15718085-12341311.

FAO (2017), *Global aquaculture production 1950-2015, Fishery and* [24]
Aquaculture Statistics (FishstatJ), Food and Agriculture Organization
of the United Nations, http://www.fao.org/fishery/statistics/software/
fishstatj/en.

FAO (2017), *Global capture production 1950-2015, Fishery and* [20]
Aquaculture Statistics. (FishstatJ), Food and Agriculture Organization
of the United Nations, http://www.fao.org/fishery/statistics/software/
fishstatj/en.

FAO (2017), *Voluntary Guidelines for Catch Documentation Schemes*, Food [18]
and Agriculture Organization of the United Nations, http://www.fao.org/
fi/static-media/MeetingDocuments/CDS/TC2016/wpAnnex.pdf.

FAO (2016), *The State of World Fisheries and Aquaculture 2016*, Food and   [19]
Agriculture Organization of the United Nations, http://www.fao.org/3/
a-i5555e.pdf.

FAO (2015), *Voluntary Guidelines for Securing Sustainable Small-Scale*   [17]
Fisheries in the Context of Food Security and Poverty Eradication, Food
and Agriculture Organization of the United Nations.

FAO (2015), *Voluntary Guidelines for Securing Sustainable Small-Scale*   [51]
Fisheries in the Context of Food Security and Poverty Eradication-At a
Glance, Food and Agriculture Organization of the United Nations, http://
www.fao.org/policy-support/resources/resources-details/en/c/421738/.

FAO (2014), *Voluntary Guidelines for Flag State Performance*, Food and   [16]
Agriculture Organization of the United Nations, http://www.fao.org/3/
a-i4577t.pdf.

FAO (2009), *Agreement on Port State Measures to Prevent, Deter and*   [15]
Eliminate Illegal, Unreported and Unregulated Fishing, Food and
Agriculture Organization of the United Nations.

FAO (2001), *International Plan of Action to Prevent, Deter, and Eliminate*   [6]
Illegal, Unreported and Unregulated Fishing (IPOA-IUU), Food and
Agriculture Organization of the United Nations, http://www.fao.org/3/
a-y1224e.pdf.

FAO (1993), *Agreement to Promote Compliance with International*   [107]
Conservation and Management Measures by Fishing Vessels on the High
Seas, Food and Agriculture Organization of the United Nations.

Farabee, V. (2016), *Pirate Fishing, Slavery and Third Party Risk*, Thomas   [69]
Reuters Regulatory Intelligence.

FATF (2018), *Table of Ratings for Assessment Conducted Against the 2012 FATF Recommendations, using the 2013 FATF Methodology*, Financial Action Task Force, http://www.fatf-gafi.org/media/fatf/documents/4th-Round-Ratings.pdf (accessed on March 2018). [75]

FATF (2013), *Methodology for Assessing Compliance with the FATF Recommendations and the Effectiveness of AML/CFT Systems (updated February 2018)*, Financial Action Task Force, http://www.fatf-gafi.org/publications/mutualevaluations/documents/fatf-methodology.html. [74]

FATF (2012), *International Standards on Combating Money Laundering and Financing of Terrorism & Proliferation (updated October 2016)*, Financial Action Task Force, Paris, http://www.fatf-gafi.org/publications/fatfrecommendations/documents/fatf-recommendations.html. [72]

FATF/OECD (2014), *FATF Guidance: Transparency and Beneficial Ownership*, Financial Action Task Force, http://www.fatf-gafi.org/media/fatf/documents/reports/Guidance-transparency-beneficial-ownership.pdf. [73]

Flothmann, S. et al. (2010), "Closing loopholes: Getting illegal fishing under control", *Science*, http://dx.doi.org/10.1126/science.1190245. [58]

Gagern, A. and J. Van Den Bergh (2012), "A critical review of fishing agreements with tropical developing countries", *Marine Policy*, Vol. 38, pp.375-386, http://dx.doi.org/10.1016/j.marpol.2012.06.016. [44]

Galaz, V. et al. (2018), "Tax havens and global environmental degradation", *Nature Ecology & Evolution*, Vol. 2/9, pp.1352-1357, http://dx.doi.org/10.1038/s41559-018-0497-3. [8]

Garcia, S. and D. Staples (2000), "Sustainability reference systems and indicators for responsible marine capture fisheries: a review of concepts and elements for a set of guidelines", *Marine and Freshwater Research*, Vol. 51/5, pp.385-426, https://doi.org/10.1071/MF99092. [123]

Gianni, M. and W. Simpson (2005), *The Changing Nature of High Seas Fishing: How Flags of Convenience Provide Cover for Illegal, Unreported and Unregulated Fishing*, Australian Department of Agriculture, Fisheries and Forestry, International Transport Workers' Federation, and WWF International. [28]

Gilman, E. and E. Kingma (2013), "Standard for assessing transparency in information on compliance with obligations of regional fisheries management organizations: Validation through assessment of the Western and Central Pacific Fisheries Commission", *Ocean & Coastal Management*, Vol. 84, http://dx.doi.org/10.1016/j.ocecoaman.2013.07.006. [106]

Griggs, L. and G. Lugten (2007), "Veil over the nets (unravelling corporate liability for IUU fishing offences)", *Marine Policy*, Vol. 31/2, pp.159-168, http://dx.doi.org/10.1016/j.marpol.2006.05.015. [68]

Hanich, Q. and M. Tsamenyi (2009), "Managing fisheries and corruption in the Pacific Islands region", *Marine Policy*, Vol. 33/2, pp.386-392, http://dx.doi.org/10.1016/j.marpol.2008.08.006. [40]

Hauck, M. (2008), "Rethinking small-scale fisheries compliance", *Marine Policy*, Vol. 32/4, pp.635-642, http://dx.doi.org/10.1016/j.marpol.2007.11.004. [53]

Havice, E. (2010), "The structure of tuna access agreements in the Western and Central Pacific Ocean: Lessons for Vessel Day Scheme planning", *Marine Policy*, Vol. 34/5, pp.979-987, http://dx.doi.org/10.1016/j.marpol.2010.02.004. [43]

Havocscope (2012), *Abalone Price on the Black Market*, Havocscope, http://www.havocscope.com/abalone-price/. [101]

Havocscope (2011), *Kilogram Price of Shark Fin*, Havocscope, https://www.havocscope.com/shark-fin-price/. [98]

Hilborn, R. et al. (2001), "The Precautionary Approach and risk management: Can they increase the probability of successes in fishery management?", *Canadian Journal of Fisheries and Aquatic Sciences*, Vol. 58/1, pp.99-107, http://dx.doi.org/10.1139/f00-225.
[87]

Hosch, G. (2016), *Trade Measures to Combat IUU Fishing: Comparative Analysis of Unilateral and Multilateral Approaches*, International Centre for Trade and Sustainable Development.
[63]

ILO (2013), *Caught at Sea: Forced Labour and Trafficking in Fisheries*, International Labour Organization.
[36]

INTERPOL (2014), *Study on Fisheries Crime in the West African Coastal Region*, Environmental Security Sub-Directorate, INTERPOL.
[49]

Jentoft, S. et al. (2017), *The Small-Scale Fisheries Guidelines: Global Implementation*, Springer International Publishing, http://dx.doi.org/10.1007/978-3-319-55074-9.
[52]

Jones, J. (1992), "Environmental impact of trawling on the seabed: A review", *New Zealand Journal of Marine and Freshwater Research*, Vol. 26/1, pp.59-67, http://dx.doi.org/10.1080/00288330.1992.9516500.
[50]

Kaiser, B., L. Fernandez and N. Vestergaard (2016), "The future of the marine Arctic: Environmental and resource economic development issues", *The Polar Journal*, Vol. 6/1, pp.152-168, https://doi.org/10.1080/2154896X.2016.1171004.
[124]

Kao, S. (2015), "International actions against IUU fishing and the adoption of national plans of action", *Ocean Development & International Law*, Vol. 46/1, pp.2-16, http://dx.doi.org/10.1080/00908320.2014.957989.
[34]

Kopela, S. (2016), "Port-state jurisdiction, extraterritoriality, and the protection of global commons", *Ocean Development and International Law*, Vol. 47/2, pp.89-130, http://dx.doi.org/10.1080/00908320.2016.1159083.
[55]

64

Kroodsma, D., N. Miller and A. Roan (2017), *The Global View of Transshipment: Revised Preliminary Findings*, Global Fishing Watch and SkyTruth, http://globalfishingwatch.org/wp-content/uploads/GlobalViewOfTransshipment_Aug2017.pdf. [108]

Kurtenbach, E. (2018), "Bluefin tuna sold for $320,000 in Tsukiji's last new year", *Bloomberg*, https://www.bloomberg.com/news/articles/2018-01-04/bluefin-tuna-sold-for-320-000-in-1st-tsukiji-sale-of-18. [97]

Le Gallic, B. (2008), "The use of trade measures against illicit fishing: Economic and legal considerations", *Ecological Economics*, Vol. 64/4, pp.858-866, http://dx.doi.org/10.1016/j.ecolecon.2007.05.010. [57]

Le Manach, F. et al. (2013), "European Union's public fishing access agreements in developing countries", *PLoS ONE*, Vol. 8/11, p.79899, http://dx.doi.org/10.1371/journal.pone.0079899. [46]

Liddick, D. (2014), "The dimensions of a transnational crime problem: the case of IUU fishing", *Trends in Organized Crime*, Vol. 17/4, pp.290-312, http://dx.doi.org/10.1007/s12117-014-9228-6. [5]

Lodge, M. et al. (2007), *Recommended Best Practices for Regional Fisheries Management Organizations*, The Royal Institute of International Affairs. [122]

Lövin, I. (2011), *Report on Combating Illegal Fishing at the Global Level-the Role of the EU (2010/2210(INI))*, European Parliament, Brussels. [114]

McCauley, D. (2014), "Mega-parks need greater oversight", *Nature*, Vol. 515, p.29. [88]

McCauley, D. et al. (2016), "Ending hide and seek at sea: New technologies could revolutionize ocean observation", *Science*, Vol. 351/6278, pp.1148-1150, http://dx.doi.org/10.1126/science.aad5686. [37]

Merten, W. et al. (2016), *Global Fishing Watch: Bringing Transparency to Global Commercial Fisheries*. [38]

Miller, D. and U. Sumaila (2014), "Flag use behavior and IUU activity within the international fishing fleet: Refining definitions and identifying areas of concern", *Marine Policy*, Vol. 44, pp.204-211, http://dx.doi.org/10.1016/j.marpol.2013.08.027. [29]

Miller, D. et al. (2016), "Cutting a lifeline to maritime crime: Marine insurance and IUU fishing", *Frontiers in Ecology and the Environment*, Vol. 4/7, pp.357-362, https://doi.org/10.1002/fee.1293. [61]

Morin, M. (2015), "Creeping jurisdiction' by the small islands of the Pacific Ocean in the context of management of the tuna fisheries", *The International Journal of Marine and Coastal Law*, Vol. 30/3, pp.477-511, https://doi.org/10.1163/15718085-12341364. [109]

Mwikya, S. (2006), *Fisheries Access Agreements: Trade and Development Issues*, International Centre for Trade and Sustainable Development. [45]

NAFIG and INTERPOL (2017), *Chasing Red Herrings: Flag of Convenience, Secrecy and the Impact on Fisheries Crime Law Enforcement*, North Atlantic Fisheries Intelligence Group and INTERPOL. [26]

NOAA (2015), *Improving International Fisheries Management: Report to Congress Pursuant to Section 403(a) of the Magnuson-Stevens Fishery Conservation and Management Reauthorization Act of 2006*, US Department of Commerce. [83]

OECD (2018), *Gross domestic product (GDP)* (indicator), http://dx.doi.org/10.1787/dc2f7aec-en.(accessed on 12 March 2018) [23]

OECD (2018), *Informing Fisheries-Related Trade Negotiations: Relative effects of fisheries support policies [TAD/FI(2018)/REV1]*, OECD publishing (furthcoming). [127]

OECD (2017), "Lessons from Indonesia on fishing for food security", in [13]
Building Food Security and Managing Risk in Southeast Asia, OECD
Publishing, Paris, https://dx.doi.org/10.1787/9789264272392-10-en.

OECD (2017), *OECD Review of Fisheries: Policies and Summary Statistics* [21]
2017, OECD Publishing, Paris, http://dx.doi.org/10.1787/rev_fish_stat_
en-2017-en.

OECD (2017), "Support to fisheries: Levels and impacts", *OECD Food,* [78]
Agriculture and Fisheries Papers, No. 103, OECD Publishing, Paris,
http://dx.doi.org/10.1787/00287855-en.

OECD (2016), *Conference: Combating Tax Crime and Other Crimes in the* [121]
Fisheries Sector, OECD-FAO Conference and Workshop, 13-14 October
2016, Paris, http://www.oecd.org/tad/events/combating-crimes-fisheries-
conference-2016.htm.

OECD (2016), *Fisheries and Aquaculture in Colombia*, OECD [66]
Publishing, Paris, https://www.oecd.org/countries/colombia/Fisheries_
Colombia_2016.pdf.

OECD (2014), "Tax evasion and illicit financial flows", in *Illicit Financial* [71]
Flows from Developing Countries: Measuring OECD Responses, OECD
Publishing, Paris, http://dx.doi.org/10.1787/9789264203501-6-en.

OECD (2013), *Evading the Net: Tax Crime in the Fisheries Sector*, OECD [25]
Publishing, Paris, http://www.oecd.org/ctp/crime/evading-the-net-tax-
crime-fisheries-sector.pdf.

OECD (2005), *Why Fish Piracy Persists: The Economics of Illegal,* [22]
Unreported and Unregulated Fishing, OECD Publishing, Paris, http://
dx.doi.org/10.1787/9789264010888-en.

OECD/FAO (2018), *OECD-FAO Agricultural Outlook 2018-2027*, OECD [10]
Publishing, Paris/Food and Agricultural Organization of the United
Nations, Rome, http://dx.doi.org/10.1787/agr_outlook-2018-en.

Österblom, H. (2014), "Catching up on fisheries crime", *Conservation Biology*, Vol. 28/3, pp.877-879, http://dx.doi.org/10.1111/cobi.12229.　　[3]

Pauly, D. et al. (2002), "Towards sustainability in world fisheries", *Nature*, Vol. 418, pp.689-695, http://dx.doi.org/10.1038/nature01017.　　[76]

Petrossian, G. (2014), "Preventing illegal, unreported and unregulated (IUU) fishing: A situational approach", *Biological Conservation*, Vol. 189, pp.39-48, http://dx.doi.org/10.1016/j.biocon.2014.09.005.　　[1]

Petrossian, G., N. Marteache and J. Viollaz (2015), "Where do 'undocumented' fish land? An empirical assessment of port characteristics for IUU fishing", *European Journal on Criminal Policy and Research*, Vol. 21/3, pp.337-351, http://dx.doi.org/10.1007/s10610-014-9267-1.　　[56]

Petrossian, G., J. Weis and S. Pires (2015), "Factors affecting crab and lobster species subject to IUU fishing", *Ocean & Coastal Management*, Vol. 106, pp.29-34, http://dx.doi.org/10.1016/j.ocecoaman.2015.01.014.　　[65]

Polacheck, T. (2012), "Assessment of IUU fishing for Southern bluefin tuna", *Marine Policy*, Vol. 36/5, pp.1150-1165, http://dx.doi.org/10.1016/j.marpol.2012.02.019.　　[94]

Price, T. (2005), "Negotiating WTO fisheries subsidy disciplines: Can subsidy transparency and classification provide the means towards an end to the race for fish", *Tulane Journal of International and Comparative Law*, Vol. 13, pp.141-175.　　[79]

Purcell, S. et al. (2013), "Sea cucumber fisheries: Global analysis of stocks, management measures and drivers of overfishing", *Fish and Fisheries*, Vol. 14/1, pp.34-59, https://doi.org/10.1111/j.1467-2979.2011.00443.x.　　[95]

Putt, J. and D. Nelson (2009), "Crime in the Australian fishing industry", *Trends & Issues in Crime and Criminal Justice*, No. 366, Australian Institute of Criminology, https://aic.gov.au/publications/tandi/tandi366.　　[85]

Robards, M. et al. (2016), "Conservation science and policy applications [91] of the marine vessel Automatic Identification System (AIS)-A review", *Bulletin of Marine Science*, Vol. 92/1, pp.75-103, http://dx.doi. org/10.5343/bms.2015.1034.

Sala, E. et al. (2018), "The economics of fishing the high seas", *Science* [77] *Advances*, Vol. 4/6, p.eaat2504, http://dx.doi.org/10.1126/sciadv.aat2504.

Schmidt, C. (2017), *Issues and Options for Disciplines on Subsidies to* [117] *Illegal, Unreported and Unregulated Fishing*, International Centre for Trade and Sustainable Development.

Schmidt, C. (2005), "Economic drivers of illegal, unreported [60] and unregulated (IUU) fishing", *The International Journal of Marine and Coastal Law*, Vol. 20/3, pp.479-507, http://dx.doi. org/10.1163/157180805775098630.

Selbe, S. (2014), *Monitoring and Surveillance Technologies for Fisheries*, [120] Waitt Institute.

Shark, T. (2018), *Shark Fin Trade*, Shark Truth, http://www.sharktruth.com/ [99] learn/shark-finning/.

Song, A., J. Johnsen and T. Morrison (2018), "Reconstructing governability: [81] How fisheries are made governable", *Fish and Fisheries*, Vol. 19/2, pp.377-389, http://dx.doi.org/10.1111/faf.12262.

Stiles, M. et al. (2013), *Stolen Food: The Impact of Pirate Fishing on Our* [2] *Oceans*, Oceana.

Stokke, O. (2009), "Trade measures and the combat of IUU fishing: [67] Institutional interplay and effective governance in the Northeast Atlantic", *Marine Policy*, Vol. 33/2, pp.339-349, https://doi.org/10.1016/ j.marpol.2008.08.002.

Suebpala, W. et al. (2015), "Challenges in minimizing illegal, unreported [111] and unregulated (IUU) fishing of small-scale fisheries sector in Thailand", *ASC Extended Abstracts*, No. ICES CM 2015/F:34, International Council for the Exploration of the Sea.

Sumaila, U. (2013), "How to make progress in disciplining overfishing [116] subsidies", *ICES Journal of Marine Science*, Vol. 70/2, pp.251-258, http://dx.doi.org/10.1093/icesjms/fss173.

Sumaila, U., J. Alder and H. Keith (2006), "Global scope and economics [59] of illegal fishing", *Marine Policy*, Vol. 30/6, pp.696-703, http://dx.doi.org/10.1016/j.marpol.2005.11.001.

Surtees, R. (2013), "Trapped at sea: Using the legal and regulatory [41] framework to prevent and combat the trafficking of seafarers and fishers", *Groningen Journal of International Law*, Vol. 1/12, pp.91-151.

Swan, J. (2016), *Implementation of Port State Measures: Legislative [112] Template, Framework for Procedures, Role of Regional Fisheries Management Organizations*, Food and Agriculture Organization of the United Nations.

Szigeti, P. and G. Lugten (2015), "The implementation of performance [118] review reports by regional fishery bodies, 2004-2014", *FAO Fisheries and Aquaculture Circular*, No. FIPI/C1108 , Food and Agriculture Organization of the United Nations.

Telesetsky, A. (2015), "Laundering fish in the global undercurrents: [70] Illegal, unreported, and unregulated fishing and transnational organized crime", *Ecology Law Quarterly*, Vol. 41/4, pp.939-997, http://dx.doi.org/10.15779/Z38656G.

TMT (2017), *Briefing—The IMO Number for Fishing Vessels*, Trygg   [39]
  Mat Tracking, https://www.tm-tracking.org/single-post/2017/01/19/
  Briefing—The-IMO-Number-for-Fishing-Vessels (accessed on April
  2018).

Toonen, H. and S. Bush (2018), "The digital frontiers of fisheries   [89]
  governance: Fish attraction devices, drones and satellites", *Journal*
  of Environmental Policy & Planning, https://doi.org/10.1080/152390
  8X.2018.1461084.

Transparency International (2014), *Six things to Know: New G20 Beneficial*   [125]
  Ownership Principles, Transparency International website, https://
  www.transparency.org/news/feature/six_things_to_know_new_g20_
  beneficial_ownership_principles (accessed on March 2018).

United Nations (2015), *Transforming our World: the 2030 Agenda for*   [80]
  Sustainable Development, Resolution 70/1 adopted by the General
  Assembly on 25 September 2015., United Nations.

United States Department of Justice (2011), *U.S. Virgin Islands company*   [103]
  sentence for illegal trade of protected coral, Justice News, United States
  Department of Justice website, https://www.justice.gov/opa/pr/us-virgin-
  islands-company-sentenced-illegal-trade-protected-coral.

United Nations (2012), *The future we want (A/CONF.216/L.1)*, United   [126]
  Nations.

UNODC (2011), *Transnational Organized Crime in the Fishing Industry*,   [11]
  United Nations Office on Drugs and Crime, Vienna.

Valenzuela-Quiñonez, F. et al. (2015), "Critically Endangered totoaba   [96]
  Totoabamacdonaldi: signs of recovery and potential threats after a
  population collapse", *Endangered Species Research*, Vol. 29, pp.1-11,
  http://dx.doi.org/10.3354/esr00693.

Visser, C. and Q. Hanich (2017), "How blockchain is strengthening tuna   [64]
traceability to combat illegal fishing", *The Conversation*, pp.1-4.

Witbooi, E. (2014), "Illegal, unreported and unregulated fishing on the high   [113]
seas: The port state measures agreement in context", *The International
Journal of Marine and Coastal Law*, Vol. 29/2, pp.290-320, http://dx.doi.
org/10.1163/15718085-12341314.

WTO (2018), *Negotiations on Fisheries Subsidies*, https://www.wto.   [14]
org/english/tratop_e/rulesneg_e/fish_e/fish_e.htm (accessed on 2018
November).

Young, M. (2016), "International trade law compatibility of market-related   [115]
measures to combat illegal, unreported and unregulated (IUU) fishing",
Marine Policy, Vol. 69, http://dx.doi.org/10.1016/j.marpol.2016.01.025.

附录 1 评分方法

该实证分析基于对各调查国和经济体的调查结果。该调查由三种类型的问题构成：

- 用于定性分析、不用于定量分析的情境问题；
- 目前国际公认的打击 IUU 捕捞的最佳政策和措施的实施问题；
- 用于描述目前国际公认的打击 IUU 捕捞的最佳政策和措施的实施情况的多项选择（复选框）问题。

表 A.1 罗列了对提交的调查答复进行定量评分所采取的标准。文献提供的既定标准被用于评估问题（如"备注及参考文献"一列所示）。每个回答根据评分列包含的透明答案对应的分数（"0 分""20 分""50 分""100 分"）被给予相对应的分数。多项选择（复选框）问题的回答根据所给问题的潜在选项总数以及所选选项占的比例被给予相对应的分数（如表 A.2）。

表 1.1 中每个指标的分数取加权平均值，权重为表 A.1（W 列）提供的数值。关于实施的简单问题的权重设置为 1。为了更全面地说明措施落实情况，每项相关细节问题的权重设置为 2。

关于遏制 IUU 捕捞的一系列政策，其落实情况的最后评分按照参与国家和经济体所占百分比评定。依据经合组织收集的 IUU 捕捞数据，可以通过 2005 年数据（C 列）归纳出的子问题得出 2005 年到 2016 年间的比较情况（参考 2017 年的数据）（OECD，2005[22]）。

这些国家的数据是通过权衡受调查国家各自产值的各个指数予以汇总的（OECD，2017[21]）。产值数据未知的国家，根据粮农组织发布的产量（FAO，2017[20]）和提供给定年份数据的经合组织国家所计算的平均价格进行估算（OECD，2017[21]）。

表 A.1 国际公认的打击 IUU 捕捞的最佳政策和实践实施情况调查所用的评分表

问题	政策指标	评分标准	W	C	0 分	20 分	50 分	100 分	备注及参考文献
1	船旗国责任	在外国管辖区域或在国家管辖范围外区域开展捕捞活动的国内船舶登记	1	1	无相关法律	有相关法律但未执行	部分执行相关法律	全面执行相关法律	如果没有远洋船队则不适用；（FAO，1993[107]；FAO，2014[16]；Englender et al.，2014[31]；Churchill，2012[32]；Erceg，2006[33]；Erikstein 和 Swan，2014[30]）
2	船旗国责任	在外国管辖区域或在国家管辖范围外区域开展捕捞相关活动的国内船舶登记	1	1	无相关法律	有相关法律但未执行	部分执行相关法律	全面执行相关法律	如果没有远洋船队则不适用；（FAO，2014[16]；Kroodsma，Miller 和 Roan，2017[108]）
3	船旗国责任	在外国管辖区域或在国家管辖范围外区域开展捕捞活动的国内渔船登记要求	2		多项选择（复选框）问题（得分取决于所选选项数）——详情可见表 A.2				如果没有远洋船队则不适用；（FAO，2014[16]）
4	船旗国责任	悬挂本国国旗船舶的更新登记	1		未更新；不定期更新（如每年少于一次）；未登记	不适用	遵循预定计划定期更新	实时或近实时更新	（FAO，2014[16]）
5	船旗国责任	公开悬挂本国国旗船舶的登记情况	1		未公开登记情况	不适用	部分公开登记情况或登记情况不完整	公开登记情况	指船舶登记所需的基本信息，如国际海事组织编号；可在国家或超国家层面公开；有限公开的信息；对船舶子信息的限制（如船舶尺寸标准）、申请才公开；（FAO，2014[16]）

74

续表

问题	政策指标	评分标准	W	C	0 分	20 分	50 分	100 分	备注及参考文献
6	船旗国责任	禁止有 IUU 捕捞历史的船舶登记	1	1	无相关法律	有相关法律但未执行	部分执行相关法律	全面执行相关法律	(FAO, 2014[16])
7	船旗国责任	除非临时登记，禁止已在另一国登记的船舶登记	1	1	无相关法律	有相关法律但未执行	部分执行相关法律	全面执行相关法律	(FAO, 2014[16])
8	船旗国责任	在撤销登记前对从事 IUU 捕捞的船舶进行处罚	1	1	无相关法律	有相关法律但未执行	部分执行相关法律	全面执行相关法律	(FAO, 2014[16])
9	船旗国责任	授权本国船舶在外国管辖区域或国家管辖范围外区域开展捕捞活动	1	1	无相关法律	有相关法律但未执行	部分执行相关法律	全面执行相关法律	如果没有远洋船队则不适用；(FAO, 2014[16]; Morin 2015[109]; Erceg, 2006[33])
10	船旗国责任	授权本国船舶在外国管辖区域或国家管辖范围外区域从事相关活动	1	1	无相关法律	有相关法律但未执行	部分执行相关法律	全面执行相关法律	如果没有远洋船队则不适用；(FAO, 2014[16]; Kroodsma, Miller 和 Roan, 2017[108])
11	船旗国责任	授权本国渔船在外国管辖区域或国家管辖范围外从事捕捞活动所需的信息	2		多项选择（复选框）问题（得分取决于所选选项数）——详情可见表 A.2				如果没有远洋船队则不适用；(FAO, 1993[107]; FAO, 2014[16])

续表

问题	政策指标	评分标准	W	C	0 分	20 分	50 分	100 分	备注及参考文献
12	船旗国责任	公开被授权在外国管辖区域或国家管辖范围外区域内开展捕捞活动船舶(即悬挂本国国旗船舶捕捞许可证持有者)名单	1		未公开名单	不适用	部分公开名单,或者由于授权实施问题名单不完整	公开名单	可在国家或超国家层面公开;有限公开的信息:对船舶子信息的要求限制(如船舶尺寸标准),申请才公开;如果没有远洋船队则不适用;(FAO,2014[16];Kroodsma,Miller 和 Roan,2017[108])
13	船旗国责任	公开与他国签订的在其管辖区域内开展捕捞活动的双边协议名单	1		未公开名单	不适用	公开名单但其内容覆盖范围保密	公开名单,且内容全面(如包括财务条款细节)	包括在国家和超国家层面谈判达成的协议;如果没有此类协议则不适用;部分覆盖包括:例如,是协议财务条款细节;(FAO,2014[16])
14	沿海国责任	授权外国船舶在本国专属经济区开展捕捞活动	1	1	无相关法律	有相关法律但未执行	部分执行相关法律	全面执行相关法律	将禁令视为可适用的法律
15	沿海国责任	保留在本国专属经济区开展捕捞活动的外国籍船舶的活动记录	1	1	无相关法律	有相关法律但未执行	部分执行相关法律	全面执行相关法律	例如,记录渔获、使用过的渔具、捕捞区域等;如果不允许外国船舶进入本国专属经济区,则不适用
16	沿海国责任	公开被授权在本国专属经济区开展捕捞活动的外国籍船舶名单	1		未公开名单	不适用	部分公开名单,或者由于授权实施而名单不佳而名单不完整	公开名单	有限公开的信息:对船舶子信息的限制(如船舶尺寸标准),申请才公开;如果禁止外国籍船舶,则不适用

续表

问题	政策指标	评分标准	W	C	0分	20分	50分	100分	备注及参考文献
17	沿海国责任	租赁渔船安排	1	1	无相关法律	有相关法律但未执行	部分执行相关法律	全面执行相关法律	（EJF；OCEANA；Pew Charitable Trusts；WWF，2016[110]）
18	沿海国责任	在本国专属经济区开展捕捞活动的大型船舶登记要求	2		多项选择（复选框）情可见表A.2	多项选择（复选框）问题（得分取决于所选选项数）——详			非大型船队不适用
19	沿海国责任	大型船舶申请本国专属经济区捕捞授权需提交的信息	2		多项选择（复选框）情可见表A.2	多项选择（复选框）问题（得分取决于所选选项数）——详			非大型船队不适用
20	沿海国责任	适用于小规模渔业的措施	2		多项选择（复选框）情可见表A.2	多项选择（复选框）问题（得分取决于所选选项数）——详			（Suebpala 等 2015[111]；FAO，2015[17]）
21	港口国责任	指定并公布有能力对外国船舶进行检查的港口	1	1	无相关法律	有相关法律但未执行	部分执行相关法律	全面执行相关法律	（FAO，2009[15]；Swan，2016[113]；Witbooi，2014[112]）
22	港口国责任	外国船旗船舶提前申请入港许可与船旗国确认	1	1	无相关法律	有相关法律但未执行	部分执行相关法律	全面执行相关法律	（FAO，2009[15]；Swan，2016[113]；Witbooi，2014[112]）
23	港口国责任	拒绝涉嫌 IUU 捕捞的船舶入港或使用港口（包括卸货上岸、转运以及接受其他港口服务或检查）	1	1	无相关法律	有相关法律但未执行	部分执行相关法律	全面执行相关法律	（FAO，2009[15]；Swan，2016[113]；Witbooi，2014[112]）
24	港口国责任	船舶入港的基于风险管理方法	1	1	无相关法律	有相关法律但未执行	部分执行相关法律	全面执行相关法律	（FAO，2009[15]；Swan，2016[113]；Witbooi，2014[112]）

续表

问题	政策指标	评分标准	W	C	0分	20分	50分	100分	备注及参考文献
25	港口国责任	港口船舶检查最低次数的定义	1	1	无相关法律	有相关法律但未执行	部分执行相关法律	全面执行相关法律	(FAO, 2009[151]; Swan, 2016[112]; Witbooi, 2014[113])
26	港口国责任	指定一个与他国政府部门、国际组织和区域性渔业管理组织交流港口国措施信息的协调中心	1	1	无相关法律	有相关法律但未执行	部分执行相关法律	全面执行相关法律	(FAO, 2009[151]; Swan, 2016[112]; Witbooi, 2014[113])
27	港口国责任	区域性渔业管理组织港口国措施的实施情况	1	1	无相关法律	有相关法律但未执行	部分执行相关法律	全面执行相关法律	(Swan, 2016[112]; Witbooi, 2014[113]; Flothmann 等, 2010[58])
28	市场国责任	阻止认定从事 IUU 捕捞船舶的渔获贸易	1	1	无相关法律	有相关法律但未执行	部分执行相关法律	全面执行相关法律	(Le Gallic, 2008[57]; Stokke, 2009[67]; Lövin, 2011[114]; Young, 2016[115]; Hosch, 2016[63])
29	市场国责任	多边渔获登记制度和贸易渔获认证要求	1	1	无相关法律	有相关法律但未执行	部分执行相关法律	全面执行相关法律	(FAO, 2017[18])
30	市场国责任	利用贸易信息追查 IUU 捕捞渔获贸易	1		无相应流程	不适用	仅有适用于主要物种的流程	有适用所有物种的流程	适用流程包括: 例如, 开展贸易信息交叉检查或风险分析, 从而直接追查 IUU 捕捞; (FAO, 2001[6])
31	市场国责任	价值链上利益相关者的全面性和提高利益相关者的认识以阻止 IUU 捕捞产品贸易	1	1	无相关方案	有相关方案, 但未实践	相关方案到位, 但实施范围有限	相关方案到位	(FAO, 2017[18]; Petrossian, Weis 和 Pires, 2015[63])

续表

问题	政策指标	评分标准	W	C	0分	20分	50分	100分	备注及参考文献
32	市场国责任	将IUU捕捞作为洗钱上游犯罪考虑	1	1	无相关法律	有相关法律但未执行	部分执行相关法律	全面执行相关法律	部分执行可能包括，将更广领域产品的相关管理条例包括在内（即，不特指IUU捕捞）（UNODC, 2011[11]; OECD, 2013[25]; Griggs和Lugten, 2007[68]; Österblom, 2014[3]）
33	市场国责任	船舶和经营者在向政府申请资金转移／支助时，审查他们是否有违规历史	1	1	无相关法律	有相关法律但未执行	部分执行相关法律	充分执行相关法律或补贴	如果渔民得不到政府支助则不适用；（Griggs和Lugten, 2007[68]）
34	市场国责任	限制对被判从事IUU捕捞的经营者提供政府支持	1	1	无相关法律	有相关法律但未执行	部分执行相关法律	充分执行相关法律或补贴	如果渔民得不到政府支持则不适用；（Sumaila, 2013[116]; Schmidt, 2017[117]）
35	执行	设立打击IUU捕捞的工作小组或部门	1	1	无相关法律	有相关法律但未执行	部分执行相关法律	充分执行相关法律	（OECD, 2013[25]; Szigeti和Lugten, 2015[118]）
36	执行	国家层面的IUU捕捞信息共享部门	2		多项选择（复选框）问题（得分取决于所选选项数）——详情可见表A.2				（OECD, 2013[25]; Szigeti和Lugten, 2015[118]）
37	执行	专属经济区和国家管辖范围外区域的船舶管控制度	2		多项选择（复选框）问题（得分取决于所选选项数）——详情可见表A.2				

续表

问题	政策指标	评分标准	W	C	0 分	20 分	50 分	100 分	备注及参考文献
38	执行	渔业监测中心和对专属经济区和国家管辖范围外区域渔船的近实时管控	1		无监测	不适用	有限的监测（如仅监测国内专属经济区）	24 小时实时监测	监测的局限性包括:1)不完全覆盖;2)信息处理延迟;3)监测时长有限(Beke, Ackermann 和 Blomeyer, 2014[82]; Cacaud, Kuruc 和 Spreij, 2003[119])
39	执行	公开 IUU 船舶名单	1		未公开名单	不适用	国家为调查区域性渔业管理组织 IUU 船舶名单做出贡献	（国家层面或超国家层面）公开名单	(Beke, Ackermann 和 Blomeyer, 2014[82]; Cacaud, Kuruc 和 Spreij, 2003[119]; Erceg, 2006[33])
40	执行	在国内法律框架对 IUU 捕捞的处罚	1		无相关法律	不适用	不适用	有相关法律	(Putt 和 Nelson, 2009[85]; Kao, 2015[34]; Selbe, 2014[120])
41	执行	对公民的处罚	1		未列入法律框架	不适用	不适用	列入法律框架	参考相关法律——该法律规定,不论该船舶在何处注册,对从事 IUU 捕捞行为的公海渔船渔民进行处罚(Putt 和 Nelson, 2009[85]; Kao, 2015[34]; Selbe, 2014[120]; Erceg, 2006[33])
42	国际合作	国际层面的信息共享标准	1	1	无相关法律	有相关法律但未执行	部分执行相关法律	充分执行相关法律	(Gilman 和 Kingma, 2013[106])
43	国际合作	设立国家间 IUU 捕捞信息交流的协调中心	1	1	无相关法律	有相关法律但未执行	部分执行相关法律	充分执行相关法律	(Gilman 和 Kingma, 2013[106])

续表

问题	政策指标	评分标准	W	C	0分	20分	50分	100分	备注及参考文献
44	国际合作	参加打击 IUU 捕捞的国际工作小组或工作队	1		未参加	不适用	不适用	参加	（OECD，2016[121]）
45	国际合作	区域层面的监测、控制和监督合作制度	1	1	无相关法律	有相关法律但未执行	部分执行相关法律	充分执行相关法律	（Lodge 等，2007[122]）

注："W 列"系计算指标得分时问题所占权重。"C 列"指出问题是否是 2005 年与 2016 年定量比较分析的一部分，即数据是否在 2005 年收集。"部分执行"指：1) 对有限的渔业子集的执行；2) 无足够的执法工具来确保政策的充分实施。"NA"表示不适用。
来源：2017 年 OCED 打击 IUU 捕捞措施数据库。

表 A.2 多项选择(复选框)选项见表 A.1

问题	选项	选项
3	a	船舶特征,如长度、吨位、捕捞方法、功率、建造日期
3	b	船舶注册的法人或自然人的姓名和国籍
3	c	负责船舶运营管理的法人或自然人的姓名和国籍
3	d	拥有船舶实益所有权的法人或自然人的姓名和国籍
3	e	船舶登记时的国际海事组织编号
3	f	船舶历史
3	g	亦适用于相关捕捞活动的要求
11	a	授权覆盖的区域、范围和期限的定义
11	b	船舶监控系统
11	c	船舶唯一标识符
11	d	观察员覆盖率
11	e	捕捞日志的日常维护
11	f	渔获报告
11	g	转运报告(如允许)
11	h	法律法规遵循情况和 IUU 捕捞历史
11	i	船上工作条件
11	j	可持续性标准
18	a	船舶特征,如长度、吨位、捕捞方法、功率、建造日期
18	b	船舶注册的法人或自然人的姓名和国籍
18	c	负责船舶运营管理的法人或自然人的姓名和国籍
18	d	拥有船舶收益所有权的法人或自然人的姓名和国籍
18	e	船舶登记时的国际海事组织编号
18	f	船舶历史
18	g	亦适用于相关捕捞活动的要求
19	a	授权覆盖的区域、范围和期限的定义
19	b	船舶监控系统
19	c	船舶唯一标识符
19	d	捕捞日志的日常维护

问题	选项	选项
19	e	渔获报告
19	f	转运报告(如允许)
19	g	法律法规遵循情况和 IUU 捕捞历史
20	a	船舶登记
20	b	授权捕捞
20	c	打击 IUU 捕捞的授权方案
20	d	其他现成的传统做法 *
36	a	渔业部门
36	b	海关部门
36	c	税务部门
36	d	与渔业部门有利害关系的任何其他部门或机构 *
37	a	渔获登记计划
37	b	船舶监控系统(如适用)
37	c	自动识别系统(如适用)
37	d	观察员计划(如适用)
37	e	转运作业时的监测、控制和监督
37	f	贸易证书真实性的交叉核验
37	g	监测、控制和监督数据的存储
37	h	基于风险管理方法的监测、控制和监督
37	i	监测、控制和监督人员的培训项目
37	j	产业的合作参与
37	k	其他 *

注: * 定量评估中未使用"其他"或类似选项(如有)。

来源:2017 年经合组织数据库。

附录 2　调查结果汇编

表 B.1　调查结果汇编：表 A.1 问题的答案

问题	澳大利亚	比利时	加拿大	德国	丹麦	爱沙尼亚	英国	希腊	爱尔兰	冰岛	意大利	日本	韩国	立陶宛	拉脱维亚	荷兰	挪威	新西兰	波兰	斯洛文尼亚	瑞典	土耳其	美国	阿尔巴尼亚	哥伦比亚	黎巴嫩	利比亚	马耳他	泰国	突尼斯
1	1	1	1	1	1	1	1	1	1	1	1	1	1	1	1	1	1	1	1	1	1	1	1	1	1	NA	NA	1	1	1
2	1	1	1	1	1	1	1	1	1	1	1	1	1	1	1	1	1	1	1	1	1	1	1	1	1	NA	NA	1	1	1
3	1.4	2	1.7	1.7	1.7	1.4	1.4	0.9	1.7	1.4	1.7	1.7	2	1.4	1.1	1.7	1.7	2	1.7	2	2	1.4	1.7	1.7	1.7	NA	NA	2	1.1	1.7
4	0.5	1	1	1	1	1	0.5	1	1	1	1	0.5	1	1	0.5	1	1	1	1	1	1	0.5	1	1	1	0	0.5	0.5	0.5	1
5	0.5	1	1	1	1	1	1	1	1	1	1	1	0.5	1	1	1	1	1	1	1	1	0	1	0	1	0	0	1	0.5	0
6	1	1	1	1	1	1	0.2	0.2	1	1	0.2	0.5	1	1	1	0.5	1	1	1	1	1	0	0	1	1	0	0	1	1	NA
7	1	1	1	1	1	1	1	0	1	1	0	1	1	1	1	1	1	1	1	1	1	0	1	1	1	1	1	1	0.5	1
8	1	1	1	1	1	0.5	0.2	1	1	1	1	1	1	1	1	1	1	1	1	1	1	1	1	1	1	0	0	1	1	1
9	1	1	1	1	1	1	1	1	1	1	1	1	1	1	1	1	0.5	1	1	1	1	0.5	1	1	0.5	NA	NA	1	1	0

续表

问题	10	11	12	13	14	15	16	17	18	19	20	21	22	23	24	25
澳大利亚	1	1.8	0.5	1	1	NA	NA	1	1.4	1.7	1.3	1	1	1	1	1
比利时	1	1.6	NA	1	1	1	0	0	2	0.9	0.7	0.2	1	1	1	1
加拿大	1	2	1	1	1	1	0	1	1.7	2	1.3	1	1	1	1	1
德国	0.2	1.2	0.5	1	1	1	0	1	0.9	0.9	1.3	1	1	1	1	1
丹麦	1	1.6	0.5	1	1	1	0	1	1.1	1.7	1.3	1	1	1	1	1
爱沙尼亚	0.2	1.6	1	1	1	1	NA	1	1.4	2	1.3	1	1	1	1	1
英国	0.2	1.8	0.5	1	1	1	0	0	0.6	1.7	1.3	1	0.2	1	1	0.2
希腊	0.2	1.4	1	1	1	NA	0	1	1.1	1.7	1.3	1	0.2	1	1	0.2
爱尔兰	1	1.6	0.5	1	1	1	0	1	1.7	1.7	1.3	1	1	1	1	0.2
冰岛	0	1.8	1	1	1	1	1	1	1.4	1.7	2	1	1	1	1	0.5
意大利	1	1.8	0.5	1	1	1	0	0	1.7	1.7	2	1	1	0.2	1	0.5
日本	1	2	1	1	1	0.5	1	1	1.7	2	2	1	1	1	1	1
韩国	1	2	0	1	1	1	0	1	1.7	1.7	2	1	1	1	1	1
立陶宛	0.5	1.2	0.5	1	1	1	0	1	0.6	1.7	0.7	1	1	1	1	1
拉脱维亚	1	1.4	1	1	1	1	0	1	1.1	1.7	1.3	1	0.5	1	1	1
荷兰	1	1	0.5	1	1	1	0	1	1.7	0.9	1.3	1	1	1	1	1
挪威	0	1.4	1	1	1	0.5		1	1.7	1.7	1.3	1	1	1	1	1
新西兰	0	1.8	0.5	NA	1	NA	NA	1	1.7	1.1	1.3	1	1	1	1	1
波兰	1	2	0	1	1	1	0	1	1.1	2	2	1	1	1	1	1
斯洛文尼亚	0.2	1.6	NA	1	1	NA	0	1	2	1.4	1.3	0.2	0.2	0.2	0.2	0.2
瑞典	0.2	1	0.5	1	1	1	0	1	2	1.7	2	1	1	1	1	0.2
土耳其	0	1	0	0	1	NA	NA	1	1.4	1.4	1.3	1	0	0.5	0	0
美国	0	0.6	1	0	1	1	0	M	1.7	2	1.3	1	1	1	1	1
阿尔巴尼亚	1	1.6	1	NA	1	NA	NA	0	NA	NA	1.3	1	1	1	1	0.5
哥伦比亚	0.5	1.8	0.5	NA	1	NA	1	1	2	1.4	2	0	1	1	1	1
黎巴嫩	NA	NA	NA	NA	1	NA	NA	0	NA	NA	1.3	1	1	1	0	0
利比亚	NA	NA	NA	NA	1	1	1	1	2	2	0.7	0	1	0	0	0
马耳他	1	1.2	1	1	1	1	0	1	1.7	1.7	0.7	1	1	1	1	0.5
泰国	1	0	0	NA	1	NA	NA	0	1.7	2	2	1	1	1	1	1
突尼斯	1	NA	0	NA	1	NA	NA	1	0	2	2	1	1	1	1	0.5

续表

国家 \ 问题	26	27	28	29	30	31	32	33	34	35	36	37	38	39	40	41
突尼斯	1	1	1	1	0	1	0	1	1	1	1.3	1.8	0	1	1	0
泰国	1	1	1	1	1	1	0	1	0	1	1.3	2	1	0	1	1
马耳他	1	1	1	1	1	1	0.5	1	1	1	1.3	1.6	0	1	1	1
利比亚	0	0	1	0.2	0	1	0	0	0	0.5	1.3	1.8	0	0.5	1	0
黎巴嫩	0	0	0.5	0	0	1	0	NA	NA	0.5	1.3	0	0	0.5	1	1
哥伦比亚	1	1	0	1	0	1	0.5	0	0	1	2	1.4	1	1	1	1
阿尔巴尼亚	0.2	1	1	1	1	0.5	0.5	NA	NA	1	2	1.8	0.5	0.5	1	1
美国	1	0	1	1	1	1	0.5	1	1	1	1.3	2	1	0.5	1	1
土耳其	0	0	1	1	0	1	0.5	NA	NA	0.5	0.7	1.6	1	0.5	1	0
瑞典	0	1	1	1	1	0	1	1	1	0	1.3	1.2	1	1	1	1
斯洛文尼亚	0	0.2	1	1	1	1	0.5	1	1	1	1.3	1.6	1	1	1	1
波兰	1	1	1	0.5	0.5	1	0.5	1	1	0	1.3	2	1	1	1	1
新西兰	1	1	1	1	0	1	0.5	NA	NA	1	1.3	2	1	1	1	1
挪威	1	1	0.5	1	1	1	1	1	1	1	2	2	1	1	1	1
荷兰	1	1	1	1	1	1	0.5	0.5	1	1	1.3	1.8	1	1	1	1
拉脱维亚	1	1	1	1	0.5	1	0.5	1	1	1	1.3	1.6	1	1	1	1
立陶宛	1	1	1	1	0.5	1	0.5	1	1	0	1.3	1.8	1	1	1	0
韩国	1	1	1	1	1	1	0.5	1	1	1	0.7	2	1	1	1	1
日本	1	0	1	0.5	1	1	0.5	0.5	0	0.5	1.3	2	1	0.5	1	1
意大利	1	0.5	1	1	1	1	0.5	1	1	1	1.3	1.6	1	1	1	1
冰岛	1	1	1	1	1	1	1	0	0	0	1.3	1.3	1	1	1	1
爱尔兰	1	1	1	1	1	1	0.5	1	1	0.5	1.3	1	1	1	1	0
希腊	1	0.2	1	1	0	1	0.5	1	0.2	0.5	1.3	1.4	1	1	1	1
英国	1	1	1	1	1	1	0.5	1	0.2	0	2	2	1	1	1	1
爱沙尼亚	1	1	1	1	1	1	1	1	1	0	2	1.8	1	1	1	1
丹麦	1	1	1	1	1	1	1	1	1	1	2	1.8	1	1	1	1
德国	1	0.5	1	1	0	1	0.5	1	1	0.5	1.3	1.8	1	1	1	0
加拿大	0.5	1	1	1	1	1	1	0.5	0.5	1	2	2	1	0.5	1	1
比利时	0	1	1	1	0	1	0.5	0.5	0.5	0	0.7	1.8	0.5	1	1	1
澳大利亚	1	1	1	1	0.5	1	0.5	NA	NA	1	2	2	1	0.5	1	1

续表

问题	澳大利亚	比利时	加拿大	德国	丹麦	爱沙尼亚	英国	希腊	爱尔兰	冰岛	意大利	日本	韩国	立陶宛	拉脱维亚	荷兰	挪威	新西兰	波兰	斯洛文尼亚	瑞典	土耳其	美国	阿尔巴尼亚	哥伦比亚	黎巴嫩	利比亚	马耳他	泰国	突尼斯
42	1	1	1	1	1	0.2	1	1	1	1	1	1	1	1	1	1	1	1	1	1	0.2	1	0	1	0	1	0.5	0.5	1	1
43	1	1	1	1	1	0	1	1	1	1	1	1	1	1	1	1	1	1	1	1	1	1	1	1	1	1	1	1	1	1
44	1	1	1	1	1	1	0	1	1	1	1	1	1	0	1	1	1	1	1	1	1	0	1	1	1	1	0	1	1	1
45	1	0	0	1	1	1	0	1	1	1	1	1	0.5	0.5	1	1	1	1	1	1	0	1	1	0	0	1	0.5	1	0	1

注：根据表 A.1 所标注的标准；"NA" 表示不适用；"M" 表示缺少数据。

来源：2017 年经合组织打击 IUU 捕捞措施实施数据库。

表 B.2 调查结果汇编：表 A.2 多项选择（复选框）问题的回答

问题	选项	澳大利亚	比利时	加拿大	德国	爱沙尼亚	英国	希腊	爱尔兰	冰岛	意大利	日本	韩国	立陶宛	拉脱维亚	荷兰	挪威	新西兰	斯洛文尼亚	瑞典	土耳其	美国	阿尔巴尼亚	哥伦比亚	黎巴嫩	利比亚	马耳他	泰国	突尼斯
3	a	1	1	1	1	1	1	1	1	1	1	1	1	1	1	1	1	1	1	1	1	1	1	1	NA	NA	1	1	1
3	b	1	1	1	1	0	1	0	1	1	1	1	1	1	1	1	1	1	1	1	1	0	1	1	NA	NA	1	1	1
3	c	1	1	0	1	0	0	0	0	1	1	1	1	1	0	0	1	1	1	1	1	0	1	1	NA	NA	1	1	1
3	d	0	1	1	0	0	0	0	1	1	1	0	0	0	1	0	1	0	1	1	0	0	0	0	NA	NA	0	0	0
3	e	1	0	0	1	1	1	1	1	1	1	1	1	1	1	1	0	1	1	0	1	0	1	1	NA	NA	1	0	1

续表

国家	问题3 选项f	问题3 选项g	问题11 选项a	问题11 选项b	问题11 选项c	问题11 选项d	问题11 选项e	问题11 选项f	问题11 选项g	问题11 选项h	问题11 选项i	问题11 选项j	问题18 选项a	问题18 选项b	问题18 选项c	问题18 选项d
突尼斯	1	0	1	1	1	1	1	1	1	1	0	0	0	0	0	0
泰国	0	1	0	0	0	0	0	0	0	0	0	0	1	1	0	1
马耳他	1	0	1	1	0	1	1	0	0	1	1	1	1	1	1	0
利比亚	NA	NA	NA	NA	NA	NA	NA	NA	NA	NA	NA	NA	1	1	1	1
黎巴嫩	NA	NA	NA	NA	NA	NA	NA	NA	NA	NA	NA	NA	NA	NA	NA	NA
哥伦比亚	1	1	1	1	1	1	1	0	1	1	1	1	1	1	1	1
阿尔巴尼亚	1	1	1	0	0	1	1	1	1	1	1	NA	NA	NA	NA	NA
美国	1	0	1	1	0	0	0	0	1	1	0	0	1	1	1	0
土耳其	1	0	1	1	0	0	1	1	0	1	0	0	1	1	1	0
瑞典	1	1	1	1	0	0	1	1	1	1	0	0	1	1	1	1
斯洛文尼亚	1	1	1	1	0	1	1	0	1	1	1	1	1	1	1	1
波兰	1	1	1	1	1	1	1	1	1	1	1	1	1	0	1	0
新西兰	1	1	1	1	1	1	1	1	1	1	0	1	1	1	1	1
挪威	1	1	1	1	1	0	1	1	0	1	0	1	1	1	1	1
荷兰	1	1	1	1	1	0	1	0	1	0	0	1	1	1	0	0
拉脱维亚	0	0	1	1	0	0	1	0	1	1	0	0	1	1	0	0
立陶宛	1	0	1	1	0	0	1	1	0	1	0	0	1	0	0	0
韩国	1	1	1	1	1	1	1	1	1	1	1	1	1	1	1	1
日本	1	1	1	1	1	1	1	1	1	1	1	1	1	1	1	0
意大利	1	0	1	1	1	1	1	0	1	1	1	1	1	1	0	0
冰岛	0	0	1	1	1	1	1	1	1	1	1	1	1	1	1	0
爱尔兰	1	0	1	1	1	0	1	1	1	1	0	1	1	1	0	0
希腊	0	0	1	1	1	0	1	0	1	1	0	1	1	0	0	0
英国	1	1	1	1	1	1	1	1	1	1	0	0	1	0	0	0
爱沙尼亚	1	0	1	1	1	1	1	1	1	1	0	0	1	0	0	0
丹麦	1	0	1	1	0	1	1	1	1	1	0	1	0	0	0	0
德国	1	1	1	1	0	0	1	1	1	1	0	0	1	1	0	0
加拿大	1	1	1	1	1	1	1	1	1	1	1	1	1	1	1	1
比利时	1	1	1	1	1	0	1	1	1	1	1	0	1	1	1	1
澳大利亚	0	1	1	1	1	1	1	1	1	0	1	1	1	1	1	0

续表

国家	18e	18f	18g	19a	19b	19c	19d	19e	19f	19g	20a	20b	20c	20d	36a	36b
澳大利亚	1	0	1	1	1	1	1	1	1	0	0	1	1	0	1	1
比利时	1	1	1	0	1	0	1	1	0	0	1	0	0	0	1	0
加拿大	0	1	1	1	1	1	1	1	1	1	1	0	1	1	1	1
德国	1	0	0	0	1	0	1	0	1	1	1	0	0	0	1	1
丹麦	1	1	1	1	1	1	1	0	1	1	1	0	0	1	1	1
爱沙尼亚	1	1	0	1	1	1	1	1	0	1	1	0	0	1	1	1
英国	1	1	0	0	1	1	1	1	0	1	1	0	0	1	1	1
希腊	1	1	0	0	1	1	1	1	0	1	1	0	0	1	1	1
爱尔兰	1	1	0	1	1	1	1	1	0	1	1	0	1	0	1	1
冰岛	1	1	0	1	1	1	1	1	0	1	1	1	0	1	1	1
意大利	1	1	0	1	1	1	1	1	0	1	1	1	0	1	1	1
日本	1	1	1	1	1	1	1	1	1	1	1	1	1	0	1	1
韩国	0	1	1	1	0	1	1	1	1	1	1	1	1	1	1	0
立陶宛	1	0	0	1	1	1	1	1	1	0	1	0	0	1	0	1
拉脱维亚	1	0	0	1	1	1	1	1	1	0	1	0	1	0	1	1
荷兰	1	1	1	1	1	0	1	1	0	0	0	1	1	0	1	1
挪威	0	1	1	1	1	1	1	1	1	0	1	1	0	1	1	1
新西兰	0	1	1	1	0	0	0	1	1	1	1	1	0	1	1	1
波兰	1	1	0	1	1	1	1	1	1	1	1	1	0	1	1	1
斯洛文尼亚	1	1	1	1	1	1	1	1	0	0	1	1	0	1	1	1
瑞典	1	1	1	1	1	1	1	1	0	1	1	1	1	1	1	1
土耳其	1	1	0	1	1	0	1	1	0	1	1	1	0	1	1	0
美国	1	1	1	1	1	1	1	1	1	1	1	1	0	0	1	1
阿尔巴尼亚	NA	NA	NA	NA	NA	NA	NA	NA	NA	NA	1	1	0	0	1	1
哥伦比亚	1	1	1	1	1	1	0	1	0	1	1	1	1	1	1	1
黎巴嫩	NA	NA	NA	NA	NA	NA	NA	NA	NA	NA	1	1	0	0	1	1
利比亚	1	1	1	1	1	1	1	1	1	1	1	0	0	0	1	1
马耳他	1	1	1	1	1	1	1	1	1	0	1	0	0	1	1	1
泰国	1	1	1	1	1	1	1	1	1	1	1	1	0	1	1	1
突尼斯	0	0	0	1	1	1	1	1	1	1	1	1	1	1	1	1

续表

问题	选项	澳大利亚	比利时	加拿大	德国	丹麦	爱沙尼亚	英国	希腊	爱尔兰	冰岛	意大利	日本	韩国	立陶宛	拉脱维亚	荷兰	挪威	新西兰	波兰	斯洛文尼亚	瑞典	土耳其	美国	阿尔巴尼亚	哥伦比亚	黎巴嫩	利比亚	马耳他	泰国	突尼斯
36	c	1	0	1	0	1	1	1	1	0	0	0		0	0	0	0	1	0	0	0	0	0	0	1	1	0	0	0	0	0
36	d	0	0	1	0	1	0	1	0	1	0	1		1	0	1	0	0	0	0	0	0	1	1	0	1	1	0	0	0	1
37	a	1	1	1	1	1	1	1	1	1	1	1		1	1	1	1	1	1	1	1	1	1	1	1	1	0	1	1	1	1
37	b	1	1	1	1	1	1	1	1	1	1	1		1	1	1	1	1	1	1	1	1	1	1	1	1	0	1	1	1	1
37	c	1	1	1	0	0	1	1	1	0	1	1		1	1	1	1	1	1	1	1	1	1	1	1	1	0	1	1	1	1
37	d	1	0	1	1	0	1	1	0	0	1	0		1	0	0	1	1	1	1	0	0	0	0	1	0	0	1	1	1	1
37	e	1	1	1	1	1	1	1	1	1	1	1		1	1	1	1	1	1	1	1	1	1	1	1	1	0	1	1	1	1
37	f	1	1	1	1	1	1	1	1	1	1	1		1	1	1	1	1	1	1	1	1	1	1	1	0	1	1	1	1	1
37	g	1	1	1	1	1	1	1	1	1	1	1		1	1	1	1	1	1	1	1	1	0	0	1	1	0	0	0	1	1
37	h	1	1	1	1	1	1	1	1	0	1	0		1	1	1	1	1	1	1	1	0	1	1	1	0	0	1	1	0	0
37	i	1	1	1	1	1	0	1	0	1	1	1		1	0	0	0	1	1	1	1	1	1	1	0	1	1	1	1	1	1
37	j	1	1	1	1	1	1	1	0	0	1	0		1	1	0	0	1	1	1	0	0	0	0	1	0	0	0	0	1	1
37	k	0	0	0	0	0	0	0	0	0	0	0		0	0	0	0	1	0	0	0	0	0	0	0	0	0	0	1	0	0

注：根据表 A.2 所标注的标准；"NA" 表示不适用；"M" 表示缺少数据。
来源：2017 年经合组织组织打击 IUU 捕捞措施数据库。

附录 3 国家和经济体的评分

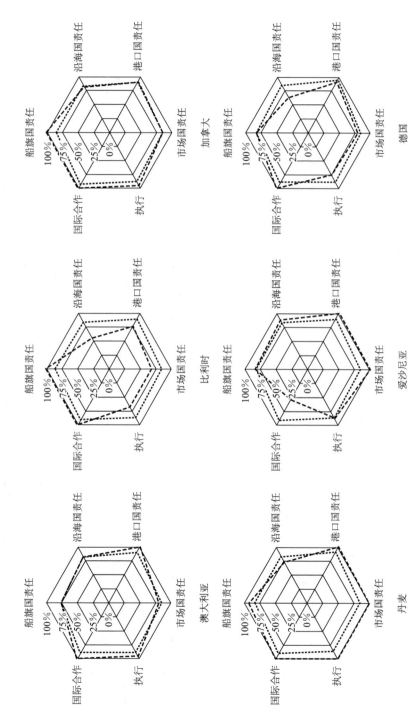

图 C.1 经合组织打击 IUU 捕捞政策和实践指标：与经合组织平均水平相比较的国家和经济体的评分（点状线）

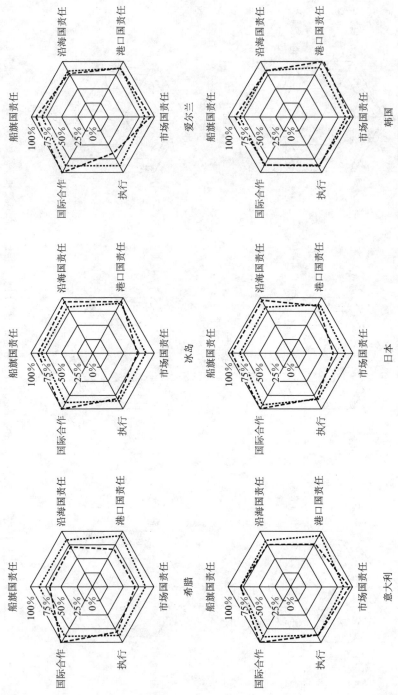

图 C. 1（续）经合组织打击 IUU 捕捞政策和实践指标：与经合组织平均水平相比较的国家和经济体的评分（点状线）

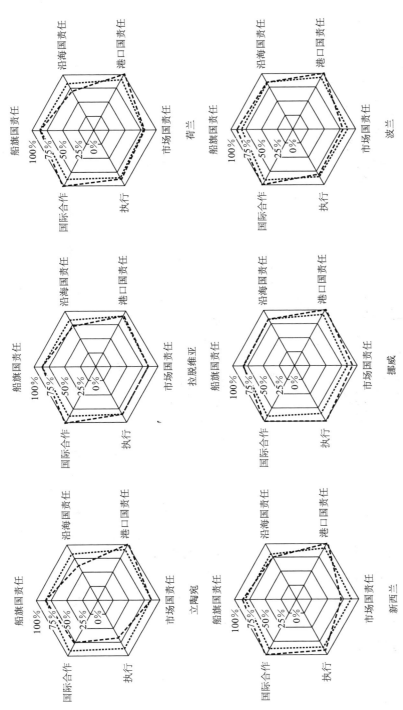

图 C. 1（续）　经合组织打击 IUU 捕捞政策和实践指标：与经合组织平均水平相比较的国家和经济体的评分（点状线）

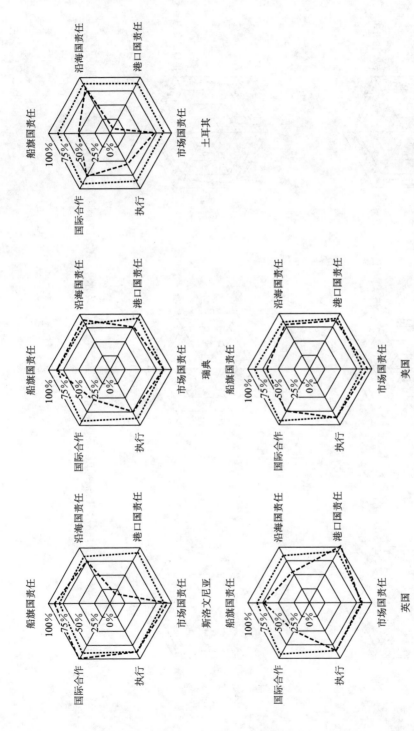

图 C. 1（续）经合组织打击 IUU 捕捞政策和实践指标：与经合组织平均水平相比较的国家和经济体的评分（点状线）

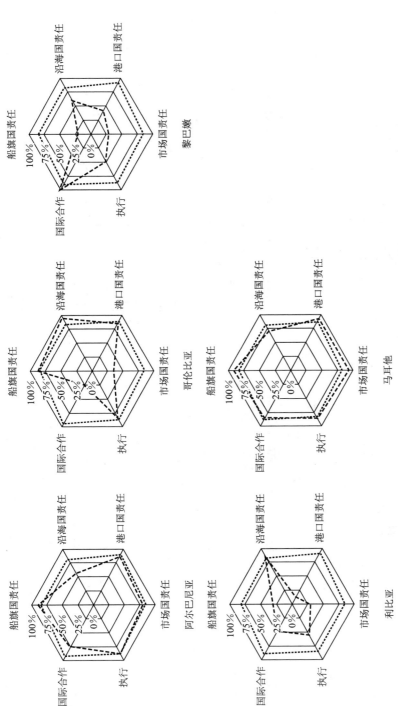

图 C. 1（续）　经合组织打击 IUU 捕捞政策和实践指标：与经合组织平均水平相比较的国家和经济体的评分（点状线）

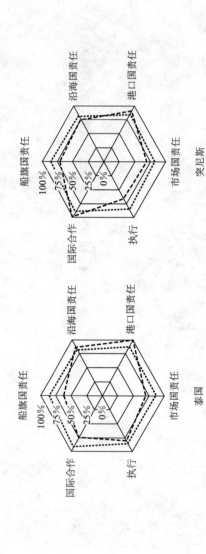

图 C. 1（续） 经合组织打击 IUU 捕捞政策和实践指标：与经合组织平均水平相比较的国家和经济体的评分（点状线）